부는 어디에서 오는가

건강의 비밀

Very Truly yours

W D Wattles

THE
SCIENCE OF
BEING WELL

BY

WALLACE D. WATTLES

Author of "The Science of Getting Rich,"
etc.

PRICE, $1.00

PUBLISHED BY
ELIZABETH TOWNE
HOLYOKE, MASS.
1910

부는 어디에서 오는가
건강의 비밀

The Science of Being Well

월리스 D. 와틀스 지음 | 이수정 옮김

더스토리

| 차례 |

이 책은 '부는 어디에서 오는가' 시리즈 중 두 번째 책이다. 첫 번째 책은 『부는 어디에서 오는가(The Science of Getting Rich)-부의 비밀』이라는 제목이었다. 그 책이 부(富)를 얻고자 하는 사람을 위해 온전히 쓰였다면, 이 책은 건강을 얻는 방법을 찾는 데 철학적 접근이 아니라 구체적인 실천 방안을 원하는 사람을 위해 쓰였다.

이 책은 우주적인 '생명의 원천(Principle of Life)'을 활용하는 방법을 제시한 지침서다. 이 책의 독자들을 위해 나는 가능한 한 그 방법을 쉽고 간결한 방식으로 기술했다. 그래서 '신사고(New Thought)'라든가 형이상학 같은 철학 이론을 접한 바 없더라도 누구나 쉽게 '완벽한 건강'을 얻는 방법을 실천할 수 있게 배려했다.

중요한 지침들을 기술하는 과정에서 필요 없는 부분은 신중하게 제거했다. 전문적이고 추상적이고 어려운 단어는 사용하지 않았으며 책의 처음부터 끝까지 일관된 태도를 견지했다.

제목이 말해주듯, 이 책의 모든 내용은 '사유'가 아닌 '과학'을 다루고 있다. '우주 일원론'은 우주의 모든 물질, 정신, 의식, 생명이 한 가지 물질로부터 창조된 결과라고 본다. 이는 거의 모든 사상가가 인정하고 있는 이론이다. 당신이 이 이론을 받아들인다면 이 책에 담긴 내용이 모두 과학적이라는 사실을 부정할 수 없을 것이다. 무엇보다 이 책에서 제시한 생각 및 행동 방식은 이 책을 쓴 나를 비롯해 지난 12년 동안 수많은 사람의 경험을 토대로 검증된 것이다. 그렇게 얻어진 결과는 모두가 지속적이며 성공적이었다.

감히 단언컨대 나는 이 책에서 다루는 '건강의 과학'이 효과가 있다고 말할 수 있다. '건강의 과학'이 효과를 발휘할 가능성은 수리학이 들어맞을 확률에 비견해도 결코 뒤지지 않는다. 현재 신체 조직이 더는 생명 활동을 이어갈 수 없을 정도로 심각하게 손상된 경우만 아니라면 당신은 건강해질 수 있다. '특정 방식(Certain Way)'으로 생각하고 행동한다면 당신은 틀림없이 건강해질 수 있다.

우주 일원론에 관해 온전히 알고 싶다면 헤겔과 에머슨의 책을 읽어 보길 권한다. 더불어 스코틀랜드에서 발행된 존 조셉 브라운(J. J. Brown)이 쓴 『불멸의 소식(The Eternal News)』도 읽어 보면 좋을 것이다. 또, 같은 저자가 「진실은 무엇인가(What Is Truth)」라는 제목으로 1909년, 매사추세츠주에서 발행한 연작물에서도 본 주제와 관련해 혜안을 얻을 수 있다.

우리 몸의 자발적 기능-먹고, 마시고, 숨쉬고, 잠자기-의 수행에 관해 더 자세한 내용을 원한다면 『삶과 치유에 관한 새로운 과학(New Science of Living and Healing)』,

『어느 여성의 남편에게 보내는 편지(Letters to a Woman's Husband)』,『음식 활용의 건설적인 방법(The Constructive Use of Foods)』같은 책*을 참고해도 좋다. 호레이드 플레처(Horace Fletcher)와 에드워드 후커 듀이(Edward Hooker Dewey)의 저서도 추천하는 바이다. '믿음'이란 주제와 연관해 도움을 얻을 수 있을 것이다.

그러나 어떤 책을 읽든 상충하는 이론과 실천 방법, 특히 다른 체계를 동시에 시도하는 우는 범하지 않기를 바란다. 건강해지고자 한다면 당신이 살아가고 또 생각하는 올바른 방식에 전념해야 하기 때문이다.

이 책,『부는 어디에서 오는가-건강의 비밀』은 건강해지길 원하는 당신 삶의 면면에 완벽한 지침이 되어 주리라 의심치 않는다.

모쪼록, 이 책에 제시된 대로 생각하고 행동할 수 있게 집중하라. 그리고 이 책의 세부 실천 방안을 그대로 따르

---

* 이 책을 쓴 윌리스 D. 와틀스(W. D. Wattles)의 저서다.

라. 그러면 당신은 건강해질 수 있다. 지금 완벽하게 건강한 상태라면 오래도록 그 상태를 유지할 수 있을 것이다.

'완벽한 건강'이라는 보배로운 축복이 임할 때까지 부단히 정진하길 바라며 당신의 그 여정에 내가 늘 함께할 것이다.

진심을 담아,
월리스 D. 와틀스

1장

건강의 원천

생각하는 방식에 따라 결정된다

처방약의 성분보다 환자가 해당 치료법을 생각하는 방식에 따라 치료 결과가 크게 달라진다.

치유의 힘이 발휘되느냐 못 되느냐는 육체 및 정신적으로 행해지는 치료법에 있는 게 아니라 환자가 그 치료법에 관해 생각하는 방식에 달려 있다.

당신이 무엇인가를 놓고 생각하는 방식은 당신이 대상에 대해 '무엇을 믿는가?' 하는 문제와 직결된다. 당신의 생각은 믿음에 의해 결정되며 당신의 행동은 그 믿음을 개인 차원에서 적용하고 행동하는 방식에 좌우된다.

『부는 어디에서 오는가-부의 비밀(The Science of Getting Rich)』의 경우와 마찬가지로, 『부는 어디에서 오는가-건강의 비밀(The Science of Being Well)』을 개인 삶에 적용하기 위해 당신은 몇 가지 근본적인 진실을 의심 없이 받아들여야 한다. 그 진실이란 다음과 같다.

첫째, 우리 몸이 본연 그대로 완벽하게 기능하려면 '생명의 원천(The Principle of Life)'의 활동이 순조롭게 이루어져야 한다. '생명의 원천'은 우주에 실제로 존재한다. '생명의 원천'은 궁극의 살아 있는 물질이며 우주 만물이 생성된 근원이다. 우주의 원천인 이 물질은 우주 전체에 스미고 배어 그 공간을 결결이, 층층이 채우고 있다. 극도로 세밀하게 정제된 대기 형태로 우주 만물 안에, 또 우주 만물을 관통해 존재한다. 이 세상의 모든 생명은 이 원천 물질로부터 왔으며 이 물질은 그 자체가 모든 생명이다.

둘째, 인간은 살아 있는 궁극의 물질인 '생명의 원천', 그 하나의 형태이므로 그 몸속에 '건강의 원천(Principle of Health)'을 품고 있다. 이 '건강의 원천'이 순조롭게 가동할 때 인간 생명은 그 모든 자발적 기능이 완벽한 방식으로 움직인다.

인간의 몸에 이루어지는 모든 치유 노력에는 그 증상에 적용되는 의술이나 체계가 무엇이든, '건강의 원천'이 지닌 힘이 발동하게 되어 있다. '건강의 원천'이 제대로 기능하게 하려면 그 몸의 주체인 우리가 해야 할 일이 있으니 바로, '특정 방식(Certain Way)'*으로 생각하는 것이다.

---

* 세 권으로 이루어진 시리즈에서 저자가 공통으로 사용하는 용어로 부와 건강과 성공을 이룰 수 있는 '올바르며 과학적인' 방법을 말한다.

구체적인 예를 들어 이를 증명해 보자. 치유를 위해 다양한 노력을 기울이는 과정에서 우리는 나타나는 증상과 사뭇 이질적인, 혹은 정반대의 방법이 효력을 보이기도 한다는 사실을 잘 알고 있다. 해당 증상에 반(反)하는 약을 쓰는 대증 요법으로 환자를 고치기도 한다. 또, 해당 질병의 원인균과 유사한 독을 소량 사용하는 유사 요법도 치료 효과를 낸다.

어떤 질병을 대증 요법으로 고쳤다면 유사 요법으로는 그 병을 결코 치료할 수 없어야 한다. 마찬가지로, 어떤 증상을 유사 요법으로 낫게 했다면 대증 요법으로는 같은 결과를 얻을 수 없어야 한다. 왜냐하면 이 두 치료 체계는 이론적으로, 임상적으로 완전히 상반되기 때문이다.

그런데 현실에서는 이 두 방법 모두 병을 치료하고 있다. 심지어, 한 병원 의사들의 치료법도 같은 게 아니다. 소화 불량으로 여러 의사를 만난 뒤 그 처방전을 비교해 보라. 의사마다 각기 다른 성분의 약을 처방한 사실을 알게 될 것이다. 그렇다면 우리는 환자를 낫게 하는 힘이 의사마다 다른 치료제가 아닌 또 다른 무엇인가의 힘이 작용했다는 결론을 얻을 수 있다. 그렇다. 바로, '건강의 원천'이다.

이뿐만이 아니다. 이 세상에는 같은 질병을 놓고도 치료자마다 각양각색의 치료법이 가능하다. 정형 의학자는 척추를 매만져서, 종교 치료사는 기도의 힘으로, 음식 연구가는 음식 요법으로, 기독교 연구가는 해당 질병에 맞는 신앙 교리로, 정신 의학자는 마음 훈련으로, 위생학자는 생활 습관 개선으로 같은 병을 고친다.

이런 사실을 감안할 때 우리는 모든 사람에게 그리고 모든 치료법에 똑같이 적용될 수 있는 '건강의 원천'이란 것이 존재한다는 결론에 다시 이른다. 세상 모든 치료 체계에는 어떤 힘이 있으며 치료 과정에서 특정 조건이 충족되면 그 힘이 우리 안의 '건강의 원천'을 가동한다는 결론을 말한다.

다시 말해, 약물이나 기도, 자기 긍정, 위생 습관 등의 제반 치료 노력이 '건강의 원천'을 가동하면 병이 치료되고, 그 모든 노력이 '건강의 원천'을 가동하지 못하면 치료가 실패로 끝난다는 뜻이다. 그렇다면 처방해 준 약의 성분보다 환자가 해당 치료법을 생각하는 방식에 따라 치료 결과가 크게 달라진다고도 볼 수 있지 않을까?

이런 요지를 뒷받침해 주는 옛이야기가 하나 있다. 중세 시대 어느 수도원에 치유의 기적을 행한다는 한 성자의 유골이 보관돼 있었다. 병에 걸린 사람들은 정해진 날이면 성자의 유골을 만지기 위해 수도원으로 몰려들었다. 치유의 기적을 체험할 수 있게 수도원이 개방된 어느 날 밤, 심보 고약한 어떤 사람이 치유의 기적을 행하는 유골함에서 뼈를 훔쳐 달아나 버렸다. 다음 날 아침 여느 때처럼 수도원 문 앞에는 병에 걸려 고통을 호소하는 사람들이 장사진을 이루었다. 그러나 기적의 치유력을 지닌 힘의 원천을 도난당했음을 안 사제들은 고민에 빠졌다.

사제들은 기적의 유골을 되찾을 방법을 모색했다. 수도원 지하실로 내려가 수년 전, 그곳에 묻은 살인자의 유골을 파내 그 뼈를 대신 성자의 유골함에 넣은 것이다. 그러는 한편, 사제들은 왜 성자의 유골이 그날만큼은 치유의 기적을 행하지 않는지, 그 답이 될 만한 변명거리를 짜내야 했다. 사제들은 줄지어 기다리고 있던 병자들을 성자의 유골함이 있는 방 안으로 들여보냈다.

그런데 비밀리에 사태를 수습하던 사제들이 기함할 일이 벌어졌다. 그 죄인의 뼈가 거룩한 성자의 유골과 똑같은 기적의 효력을 발휘한 것이다! 그 사건을 역사로 기록한 한 사제는 이렇게 고백한다.

"치유의 힘은 성자의 뼈가 아니라 사람들 안에 원래 품어져 있었다."

이 이야기의 사실 유무를 떠나, 우리는 이 사제의 결론을 세상 모든 의료 체계가 제시하는 치료법에 적용해 볼 수 있다. 바로, '치유의 힘'은 환자 내부에 이미 품어져 있다는 사실 말이다.

그리고 그 힘이 발휘되느냐 못 되느냐는 육체 및 정신적으로 행해지는 치료법에 있는 게 아니라 환자가 그 치료법에 관해 생각하는 방식에 달려 있다는 사실 말이다.

이 우주에는 '생명의 원천(The Principle of Life)'이 존재한다. 예수의 가르침이기도 한 이것은 위대한 영적 치유의 힘을 말한다. 우리 인간 내부에는 이 치유의 힘과 연관되는 '건강의 원천'이 깃들어 있다. 당신이 생각하는 방식에 따라 이 건강의 원천은 계속 잠잘 수도 있고 깨어날 수도 있다. 그렇다. 당신이 '특정 방식'으로 생각하기 시작한다면 당신은 그 즉시 '건강의 원천'을 가동할 수 있다.

당신의 건강은 어떤 치료 체계나 특정 치료법에 달린 게 아니다. 똑같은 질병을 놓고 세상 곳곳에서 각양각색의 치료법이 동원되지만 저마다 나름의 효력을 발휘하고 있다는 게 그 증거다.

당신의 건강은 기후와도 관계없다. 같은 기후 조건 아래서 살지만 어떤 사람은 건강하고 어떤 사람은 그렇지 못하다. 당신의 건강은 직업하고도 관계없다. 특별히 위험한 환경에서 일하는 게 아니라면 말이다. 어떤 산업계에서, 또 어떤 직업군에서 일하든 건강한 사람은 건강하다. 당신의 건강은 당신이 생각하고 행동하는 방식에 달려 있다. 단, '특정 방식'을 따를 때 그러하다.

당신이 무엇인가를 놓고 생각하는 방식은 당신이 대상에 대해 '무엇을 믿는가?' 하는 문제와 직결된다. 당신의 생각은 믿음에 의해 결정되며 당신의 행동은 그 믿음을 개인적 차원에서 적용하고 행동하는 방식에 좌우된다.

만일, 당신이 어떤 약의 효험을 믿고 그 믿음을 삶에 적용한다면 당신의 병은 그 약으로 나을 수 있다. 그러나 제아무리 믿음이 굳건해도 그 믿음을 자기 삶에 적용하지 못한다면 결과는 달라진다.

병에 걸린 사람 중 많은 경우, 다른 사람은 믿으면서 정작 자신을 믿지 못한다. 당신이 어떤 식이요법에 믿음을 갖고 그 믿음을 삶에 적용해 행동으로 옮긴다면 당신은 그 식이요법으로 병이 나을 수 있다.

한편, 기도와 자기 긍정 방식에 믿음을 갖고 그 믿음을 삶에 적용해 실천한다면 그 기도와 자기 긍정 또한 치유의 효력을 발휘할 것이다.

삶에 적용한 믿음은 치유의 힘을 발휘한다. 그러나 아무리 믿음이 굳건하고 오래 생각한들, 그 믿음과 생각을 삶에서 실천하지 못하면 병을 치료할 수 없다. '건강의 과학'은 '생각'과 '행동'이란 두 범주를 모두 아울러야 한다. '건강'은 '특별한 방식'으로 생각하는 것만으로는 부족하다. 그 생각을 반드시 삶에 적용해 실천해야 한다. 아울러, 자신이 생각한 것과 같은 방식으로 행동함으로써 그 생각을 표현하고 구체화해야 한다.

2장

믿음의 토대

모든 생명의 이치는 '발전'에 있다

지구상 모든 생명의 이치는 더 완벽한 생을 향해 꾸준히 발전하는 것이다. '발전'은 모든 생명 활동의 필연적 결과이다.

우주는 그 자체가 발전하는 위대한 생명체(Great Advancing Life)다. 자연의 목적은 완벽함, 완벽한 기능을 향해 움직이는 생명의 '발전'에 있다. 요컨대, 자연의 목표는 '완벽한 건강'인 것이다.

‘특정 방식’으로 생각하는 일을 시작해 병을 치료하고 싶다면 당신은 먼저, 다음에 기술하는 진실 몇 가지를 믿어야 한다.

우주 만물은 하나의 살아 있는 ‘원천 물질(Living Substance)’에서 만들어졌고 이 물질은 우주 곳곳에 스미고 배어 우주 공간을 결결이, 층층이 채우고 있다. 우리 눈에 보이는 모든 사물은 이 물질로부터 비롯되었다.

한편, 이 원천 물질은 최초의 무형(無形) 형태로, 그 자신이 만들어 낸 모든 가시적 형태 안에, 또 그 형태를 관통해 존재한다. 그래서 모든 생명과 모든 지성 안에 존재한다.

이 원천 물질의 '창조' 활동은 '생각'의 의해 이루어진다. 그 주된 방식은 '형상화(forming)'에 있다. 원천 물질이 무엇인가에 관해 생각하면 그 생각이 형상화된다.

다시 말해 원천 물질이 어떤 형태를 생각하면 생각이 형상화되고 원천 물질이 어떤 움직임을 생각하면 그 움직임이 형상화된다. 고로, 우주 만물의 어떤 형태는 원천 물질이 어떤 방향이나 위치로 이동함으로써 형상화된 결과물이다.

즉, 원천 물질이 어떤 형태를 만들고자 염원하면 그 형태의 움직임을 생각하고 그 움직임이 최종적으로 형상화되는 식이다. 이처럼, 원천 물질은 어떤 세상을 창조하고자 할 때 그 모습과 형태를 지닌 움직임을 생각한다. 이 과정은 아주 오랜 시간이 걸릴 수도 있다. 그러나 원천 물질이 생각한 움직임은 언젠가는 결국 만들어지게 되어 있다.

예를 들어, 참나무를 창조하고 싶다면 원천 물질은 참나무의 형태를 형상화할 움직임을 오랜 시간에 걸쳐 생각한다. 그래서 종국에는 그 움직임이 만들어진다. 이때, 다종다양한 형태를 만들어 내는 일련의 특정 움직임은 처음부터 정해지며 도중에 바뀌지 않는다.

다시 말해, 무형의 원천 물질에 품어진 어떤 움직임은 과정이 어떠하든 결국에는 불변의 어떤 형태를 창조해 내고 만다는 뜻이다.

우리 인간의 몸도 바로 이 원천 물질로부터 만들어졌다. 고로, 인간의 몸도 처음에는 원천 물질 속에 '생각'으로 존재했던 어떤 움직임의 결과물인 셈이다. 이런 식으로 인간의 몸을 만들고, 재생하고, 교정하는 움직임을 '기능(functions)'이라고 부른다. 이 움직임은 '자발적', '비자발적' 기능으로 나뉜다.

비자발적 기능은 그 사람 몸속에 존재하는 '건강의 원천'을 통해 조절된다. 이 기능은 몸의 주인이 '특정 방식'으로 생각하기만 하면 완벽하게 건강한 방식으로 수행된다. 인간 육체의 자발적 기능에는 먹기, 마시기, 숨쉬기, 잠자기 등이 해당한다. 이 기능은 전적으로, 혹은 부분적으로 '의식'에 의해 조절된다.

고로, 몸의 주인이 의지력을 발휘해야 한다는 조건이 붙긴 해도, 그 조건만 충족되면 역시 완벽하게 건강한 방식으로 움직일 수 있다. 반면, 건강한 방식으로 의지력을 발휘하지 못하면 그 몸은 장기간 건강을 유지할 수 없다.

요컨대, 몸의 주인이 '특정 방식'으로 생각하면서 먹고, 마시고, 숨쉬고, 잠자는 일을 그에 맞춰 수행한다면 그 몸은 건강해질 수 있다. 인간 생명의 비자발적 기능은 '건강의 원천'을 통해 직접적으로 통제되기 때문에 그 몸의 주인이 완벽하게 건강한 방식으로 '생각'해야만 완벽하게 움직일 수 있다. 왜냐하면 '건강의 원천'은 그 활동의 상당 부분을 인간의 무의식에 영향력을 행사하는 의식적 '생각'에 의지하기 때문이다.

인간은 생각의 주체로서 근원적인 생각을 할 수 있지만 이 세상 모든 섭리를 알지는 못한다. 그래서 인간은 실수하거나 잘못된 생각을 한다. 모든 것을 알지 못하기에 인간은 진실이 아닌 것을 진실이라 믿는다. 질병이나 비정상적 기능 및 상태에 관해 생각하기도 한다. 그래서 '건강의 원천'이 하는 활동을 방해하면서 그 몸에 질병과 비정상적 기능 및 상태를 불러들이는 실수를 범한다.

인간과 달리, 원천 물질은 오로지 완벽한 행동에 관한 생각만 품는다. 원천 물질은 완벽하게 건강한 기능, 완전한 생명에 관해서만 생각한다. 신은 질병이나 불완전함에 관해 생각하는 법이 없다.

그러나 인간은 실로 장구한 시간에 걸쳐 질병과 비정상성, 노화, 죽음 등을 생각해 왔다. 이런 생각들이 인간 몸의 자연스러운 기능을 저해했고 결국 그게 인류의 고유한 특징으로 대물림되고 말았다. 수많은 세대를 거치면서 우리 조상들은 인간의 형태와 기능에 관해 계속해서 불완전한 생각을 품어 왔다. 그로 인해 인간은 잠재의식 속에 질병과 불완전함을 단단히 각인한 채 생을 시작하고 있다.

이는 자연스럽지 않다. 이는 자연의 섭리가 아니다. 자연이 품은 목적은 오로지 '완벽한 생명'이다. 우리는 이 진리를 자연의 생명, 그 자체에서 목격할 수 있다. 이 지구상 모든 생명의 이치는 더 완벽한 생을 향해 꾸준히 발전하는 것이다. '발전'은 모든 생명 활동의 필연적 결과이다. 살아 있는 존재라면 무엇이든 '더 많은(more)' 것을 품게 되므로 생명 활동은 언제나 '증가(increase)' 일로를 걷는다.

창고 안 구석에 놓인 씨앗은 생명을 품고 있지만 살아 있다고는 할 수 없다. 그러나 흙에 심어지는 순간, 그때부터 씨앗은 생명 활동을 시작한다. 주변의 다른 물질로부터 필요한 자원을 끌어 모아 스스로 식물 형태를 만들어 간다. 이런 활동에 힘입어 한 개이던 씨앗이 서른 개, 육십 개, 백 개로 늘어난다. 그 씨앗마다 최초의 씨앗이 품었던 생명이 깃들어 있다.

생명은 살아가면서 증가한다. 생명은 증가하지 않고 살아갈 수 없다. 생명의 근본 욕구는 '살아가는 것'이다.

이 욕구에 대한 반응으로 원천 물질은 움직이고 창조한다. 신은 살아가야 한다. 신은 무엇인가를 창조하고 무엇인가를 증가시키며 살아간다. 그렇게 창조된 다양한 형태 속에서 신은 또다시 '더 많은' 것을 향해 끝없이 움직인다.

이 우주는 그 자체가 발전하는 위대한 생명체(Great Advancing Life)다. 자연의 목적은 완벽함, 완벽한 기능을 향해 움직이는 생명의 '발전'에 있다. 요컨대, 자연의 목표는 '완벽한 건강'인 것이다.

자연이 인간을 놓고 품은 목적은 '더 많은' 삶을 향한 부단한 발전에 있다. 인간이 완벽함을 향해 성장하는 것에 있다. 자연은 때로 우리가 '인종 생각(race thought)'이라고 하는, 인류 집단의식을 대상으로 삼기도 한다. 그러나 그 집단을 구성하는 개인으로서의 인간도 그 활동 영역 안에서 가장 완벽한 삶을 살아야 한다. 다행히, 인간은 필연적으로 그리될 수밖에 없다. 우리 인간 안에 존재하는 어떤 힘이 끊임없이 '더 많은' 삶을 추구하기 때문이다.

어린이에게 연필과 종이를 줘 보라. 아이는 서툴지만, 그 즉시 그림을 그리기 시작한다. 아이 안에 있는 어떤 존재가 자신을 그림으로 드러내고 싶어 하기 때문이다. 아이에게 장난감 블록을 줘 보라. 아이는 당장 그 블록으로 무엇인가를 지을 것이다. 아이 안의 어떤 존재가 자신을 건축물로 드러내고 싶어 하기 때문이다. 아이를 피아노 앞에 앉혀 보라. 아이는 건반을 쳐서 화음을 끌어낼 것이다. 아이 안의 어떤 존재가 자신을 음악으로 드러내고 싶어 하기 때문이다.

인간 내면에 있는 이 존재는 언제나 '더 많은' 삶을 추구한다. 이때, 몸이 건강해야 그런 뜻을 이룰 수 있을 터이므로 자연히 '자연의 원천'은 인간에게 완벽한 건강을 주고 싶어 한다. 결론적으로, 인간의 가장 자연스러운 상태는 완벽하게 건강한 상태다. 이런 연유로, 인간과 자연 안의 모든 것들이 '건강'을 향해 움직이는 것이다.

원천 물질이 하는 생각 속에는 '질병'이 개입될 여지가 없다. 원천 물질은 가장 충만하고 가장 완벽한 생명, 다시 말해, '건강'을 향해 끊임없이 움직여야 하기 때문이다.

따라서 원천 물질의 생각 속에 존재하는 인간은 근본적으로 '건강'을 품고 있다. '질병'은 생명 활동이 비정상적으로 궤도를 벗어난 상태다. 몸의 기능이 불완전한 방향으로 만들어져 불완전한 상태다.

고로, 생각하는 궁극의 존재인 원천 물질의 생각 속에는 '질병'이 개입될 틈이 없다. '궁극의 마음(Supreme Mind)'은 결코 질병에 관해 생각하지 않는다. 질병은 신이 창조한 것도 아니고 신이 명한 것도 아니며 신에게서 내려온 것도 아니다.

질병은 신과 별개의 마음, 즉 인간 저마다의 개별적 생각으로 만들어진 것이다. 무형의 원천 물질로서 신은 질병을 보지 않고, 질병에 관해 생각하지도 않고, 질병의 존재를 알지 못할 뿐더러 질병을 인지하지도 못한다. '질병'은 오로지 인간의 생각 속에 인지될 뿐이다. 신은 '건강'만을 생각한다.

앞서 기술한 모든 내용을 통해 우주 만물을 창조한 원천 물질에 있어 '건강'은 하나의 명확한 사실이요, 진리임을 깨달았을 것이다. 질병은 인간의 불완전한 과거 및 현재 생각에서 나온 불완전한 기능에 지나지 않는다는 사실을 알았을 것이다. 인간 스스로 언제나 완벽하게 건강하다고 생각해 왔다면 우리는 지금, 더할 수 없이 건강한 상태를 누리고 있을 것이다.

원천 물질의 생각 속에서 인간은 완벽하게 건강한 상태다. 혹여 건강하지 못한 상태에 있다면 스스로 완벽한 건강에 관해 생각하지 않고, 또 자발적 신체 기능을 건강한 방식으로 쓰지 않은 결과이다.

이제까지, '건강의 과학(Science of Being Well)'이 품은 핵심적인 기본 진실을 정리해 보자.

하나, 우주 만물은 유일한 '살아 있는 물질(Living Substance)'에서 만들어졌고 이 물질은 우주 곳곳에 스미고 배어 우주 공간을 그 결결이, 층층이 채우고 있다. 이 물질은 모든 생명체의 생명이다. 원천 물질이 형태를 생각하면 형태가 만들어지고, 움직임을 생각하면 움직임이 만들어진다. 인간을 놓고 생각할 때도 원천 물질은 항상 완벽한 기능과 완벽한 건강만을 생각한다.

둘, 인간은 그 자신이 생각하는 존재로 근원적인 생각을 할 수 있다. 인간의 생각하는 기능은 몸의 생명 활동 기능보다 우위에 있다. 그래서 인간이 불완전한 생각을 하면 몸의 기능이 불완전하고 왜곡된 방향으로 움직인다. 고로, 자발적 신체 기능을 그릇된 방식으로 수행하면 그 스스로 질병을 불러들이는 셈이다.

셋, 오로지 완벽한 건강만 생각하면 그 사람은 몸의 기능을 완벽하게 건강한 방향으로 움직일 수 있다. 그 작업을 돕기 위해 '생명의 힘(Power of Life)'이 전격 가동된다. 그러나 이 모든 과정은 인간이 자발적 생명 기능을 건강한 방식으로 수행할 때만 가능하다.

넷, 건강을 위한 첫 번째 단계는 완벽한 건강에 관해 생각하는 법을 배우는 것이다. 두 번째 단계는 먹고, 마시고, 숨쉬고, 잠자는 것을 완벽하게 건강한 방식으로 실행하는 법을 배우는 것이다. 이 두 단계를 제대로 실행한다면 누구든 반드시 건강해질 수 있고 또 건강한 상태를 유지할 수 있다.

3장

생명과 유기체

모든 유기체는 원천 물질의 생각으로 창조된다

우주적 생명의 원천은 우리 인간 안에 존재하는 '건강의 원천'이다. 이는 유일한 근본 물질이다. 이 물질은 우주 만물의 근원이며 원천 물질의 생명은 우주 생명의 원천이다. 이 세상 모든 유기체는 원천 물질이 그 형태와 움직임과 기능을 생각함으로써 창조되었다.

건강을 위해 '특정 방식'으로 생각하는 두 가지 방법이 있다. 첫째, 확고한 믿음으로 당신 몸이 건강하고 또 치유되었다고 확언하라. 둘째, 질병과 맺었던 정신적 관계의 밧줄을 끊고 자신을 '건강'으로 이어진 마음의 문으로 들어서게 하라.

인간의 몸은 에너지가 소모되었을 때 그것을 재생하는 장소다. 에너지는 우리 몸에서 해로운 물질을 제거하고 다치거나 고장 난 몸을 고치기도 한다. 이런 에너지를 가리켜 '생명'이라 한다. 생명은 인간의 몸에서 만들어지는 게 아니다. 오히려 생명이 우리의 몸을 만들어 낸다.

몇 년 동안 창고에 넣어 두기만 했던 씨앗도 흙에 심으면 식물로 자라난다. 하지만 그 식물의 생명은 식물이 자라면서 만들어지는 게 아니다. 그 식물을 자라게 한 힘이 바로 '생명'인 것이다.

마찬가지로 우리 몸이 어떤 기능을 수행한다고 해서 그로부터 생명이 생겨나는 게 아니다. 그 기능을 쓰게 만든 원래의 힘이 '생명'이다. 명심하라. 생명이 먼저이고, 기능은 그 다음이다.

유기체와 무기체를 구분하는 것도 생명이다. 그러나 유기체를 이루는 물질이 먼저 조성된 뒤에 생명이 만들어지는 것이 아니다. '생명'이 물질을 유기체로 조성하는 힘이요, 원천이다.

생명이 궁극의 '원천 물질(Original Substance)' 속에 존재하는 힘이요, 원천이다.

만물 안에 존재하는 생명의 원천은 우리 인간 안에 존재하는 건강의 원천이기도 하다. 그래서 우리가 특정 방식으로 생각하기만 하면 건강의 원천은 그 즉시 건설적인 방향으로 움직인다.

따라서 누구든지 특정 방식으로 생각하고, 그 생각에 맞춰 행동하면 몸의 기능을 완벽하게 건강한 상태로 유지할 수 있다. 먹고, 마시고, 숨쉬고, 잠자는 활동을 아픈 사람의 방식대로 하면서 생각만 건강하게 한다고 해서 건강해질 수 있는 것은 아니다.

우주적 생명의 원천은 우리 인간 안에 존재하는 '건강의 원천'이다. 이는 유일한 근본 물질이다. 이 물질은 우주 만물의 근원이며 원천 물질의 생명은 우주 생명의 원천이다. 이 세상 모든 유기체는 원천 물질이 그 형태와 움직임과 기능을 생각함으로써 창조되었다.

원천 물질은 오로지 건강만을 생각한다. 왜냐하면 원천 물질은 모든 진실을 알기 때문이다. 이 무형의 물질이 알지 못하는 진실이란 존재하지 않는다. 원천 물질은 모든 것이며 모든 것 안에 존재하기 때문이다.

원천 물질은 모든 진리를 아는 것뿐 아니라 모든 힘을 갖고 있기도 하다. 원천 물질이 지닌 힘은 모든 에너지의 근원이다. 모든 진실을 알고 있는 의식 있는 생명체로 전지전능하기에 원천 물질은 잘못 생각하거나 기능을 불완전하게 수행할 리 없다. 모든 것을 알고 있기에 잘못된 생각을 할 수 없으므로 원천 물질은 질병에 걸리지도 않고 질병에 관해 그 어떤 생각도 하지 않는다.

인간은 이 원천 물질의 한 형태이며 그 나름의 독자적인 의식을 지닌 존재다. 하지만 인간의 생각은 유한하기에 불완전하다. 그 지식에 한계가 있기에 잘못된 생각을 할 수 있다. 그래서 그 몸의 기능을 그릇되고 불완전한 방식으로 쓰기도 한다.

인간은 전부를 알지 못하기에 잘못될 수 있다. 인간이 불완전한 생각을 한다고 해서 그 즉시 병에 걸리거나 몸의 기능에 이상이 생기는 것은 아니다.

그러나 그런 생각을 습관처럼 한다면 문제가 달라진다. 어떤 생각을 끊임없이 계속하면 그 몸 상태는 그 생각에 맞춰 기능하게 되어 있다.

게다가 인간은 신체의 자발적 기능을 평생에 걸쳐 탈없이 건강하게 쓰는 방법을 제대로 배우지 못했다. 언제, 무엇을, 어떻게 먹어야 하는지도 잘 모른다. 인간은 숨쉬고, 잠자는 것에 대해서도 잘 알지 못한다.

우리는 생명의, 이 모든 몸의 기능을 잘못된 조건에서

잘못된 방식으로 사용하고 있다. 생명에 관해 확실히 아는 유일한 안내자의 인도를 따르지 않기 때문이다. 본능을 따르기보다는 논리에 따라 살고자 하기 때문이다. 그 결과, 인간은 생명을 자연이 아닌 기술적 문제로 만들어 버렸다. 그와 동시에 인간은 잘못된 길로 들어서고 말았다.

유일한 해결책은 올바른 길을 따라 새로운 여정을 시작하는 것이다. 다행히, 당신은 그 길을 따라갈 수 있다. 이 책이 그 모든 진실을 알려 줄 것이다. 그래서 이 책을 읽고 나면 당신은 진실을 알게 되어 더는 잘못된 길로 가지 않게 될 것이다.

질병에 관한 생각은 실제로 질병의 형태를 만들어 낸다. 고로, 당신은 건강에 관해 생각하는 법을 무엇보다 먼저 배워야 한다. 원천 물질은 생각으로부터 형태를 만든다. 따라서 원천 물질이 건강의 형태를 만들면 모든 기능이 온전히 돌아가는 완벽한 건강이 구현될 것이다.

수도원 예화에서 성자의 유골을 만진 사람들의 병이 치유된 것은 그들이 '특정 방식'으로 생각했기 때문이다.

그 뼈에서 어떤 신비한 힘이 흘러나온 게 아니다. 성자든 죄인이든, 죽은 사람의 뼈에 치유의 힘 같은 것이 들어 있을 리 없다.

대증 요법이나 유사 요법으로 처방된 약을 먹고 병이 나은 사람들도 사실은 약 때문이 아니라 '특정 방식'으로 생각했기 때문에 치료된 것이다. 어떤 약이든 그 약 자체에 병을 낫게 하는 힘이 들어 있는 게 아니다.

기도와 자기 긍정 선언으로 병이 나은 사람도 마찬가지다. 그들 역시 '특정 방식'으로 생각했기 때문에 병이 나은 것이지 '말(word)' 몇 마디 때문에 나은 것이 아니다. 말에 어떤 치유의 힘이 있을 리 만무하다.

또 어떤 종류든 의학 체계의 혜택으로 병이 나은 사람도 '특정 방식'으로 생각한 덕분에 완쾌한 것이다. 그런 사람들을 조금만 주의 깊게 살펴보면, '특정 방식'이 어떤 것인지 알 수 있다.

'특정 방식'에서 가장 중요한 두 가지가 있다. 첫째는 '믿음'이요, 둘째는 개인 삶에서 그 믿음을 '실천'하는 것이다. 성자의 유골을 만진 사람들에게는 믿음이 있었다. 그 믿음이 너무나 견고해서 성자의 뼈를 만지는 순간, 그들은 '질병'에 이어져 있던 정신적 밧줄을 끊어 내고 자신을 '건강'에 연결할 수 있었다.

이런 마음의 변화에는 강렬하고 헌신적인 느낌이 수반된다. 그 느낌은 영혼의 가장 깊은 곳까지 뚫고 들어가 건강의 원천을 깨워 활동을 시작하게 한다. 믿음을 기반으로 자기 몸이 건강해졌다고, 치유되었다고 확언하라. 이렇게 충만한 믿음을 확보하면 더는 질병과 연관된 생각이 들지 않는다. 그때부터는 오로지 건강과 관련된 생각만 할 수 있다.

이 두 가지 요건이 바로, 건강을 위해 '특정 방식'으로 생각하는 방법이다. 첫째, 확고한 믿음으로 당신 몸이 건강하고 또 치유되었다고 확언하라. 둘째, 질병과 맺었던 정신적 관계의 밧줄을 끊고 자신을 '건강'으로 이어진 마음의 문으로 들어서게 하라.

인간의 정신과 육체는 불가분의 관계다. 그래서 무엇

인가에 정신적으로 연관되면 우리는 육체적으로도 그것에 이어지기 마련이다. 자신을 늘 아픈 상태와 연관시키면 그 생각이 건강이 오는 걸 막는 힘으로 고착된다.

약으로 병이 나은 사람들은 이런 방식으로 건강해진 것이다. 의식적으로든 무의식적으로든 약의 효능을 굳게 믿었기에 병에 이어진 정신적인 줄을 끊고 건강과 새롭게 관계 맺기가 가능했다.

믿음은 무의식적 차원의 것이다. 객관적 논리로 약의 효능을 믿지 않더라도 무의식적 수준에서는 믿음을 품을 수 있다. 이 무의식적 믿음도 건강의 원천을 깨워 적극적인 치유 활동을 시작하게 할 힘을 지니고 있다. 의식적 수준의 믿음이 그다지 크지 않은데도 병이 낫는 것은 이 때문이다.

반면, 치료법에 강한 믿음을 갖고 있는데도 치료가 잘 안되는 경우도 많다. 이는 믿음을 개인 삶에 적용하는 데 실패해서이다. 믿음 정도가 일반적 수준을 넘어서지 못해 개인의 고유한 경우와 맞지 않기 때문이다.

'건강의 과학'과 연관해 반드시 주지해야 할 두 가지 지침이 있다. 첫째, 어떻게 믿음을 기반으로 생각할 것인가? 둘째, 어떻게 그 생각을 개인 삶에 적용해 건강의 원천을 깨워 적극적인 활동을 시작하게 할 것인가? 먼저, 생각하는 법부터 배우기로 하자.

| 4장 |

무엇을 생각할 것인가?

'완벽한 건강'에 대한 생각의 문을 열고 들어서라

'건강의 과학'을 삶에 적용하는 첫 번째 단계는 '건강'으로만 통하는 생각의 문을 열고 들어서는 것이다. 무엇보다 중요한 것은 '완벽한 건강'에 대한 개념을 형상화하고 그것에 자신을 연결하는 일이다.

정신적 몸이 육체적 몸의 기능을 조절한다. 당신이 질병이나 불완전한 기능을 생각하면 그게 정신적 몸에 각인되어 육체적 몸에 질병이나 불완전한 활동이 일어난다.

당신 안에 존재하는 '자연의 힘(The Power of Nature)'을 활용하면 부모로부터 대물림한 것들을 얼마든지 극복할 수 있다. 오로지 건강에 대해서만 생각하고, 자발적 기능을 완벽하게 건강한 방식으로 수행하라. 그러면 건강해질 수 있다.

질병과 연결된 모든 정신적 관계를 끊으려면 건강과 새로운 관계를 맺어야 한다. 이때, 모든 과정은 '부정'이 아닌 '긍정'으로 이루어져야 한다.

다시 말해, 질병을 거부하거나 거절하는 대신 건강을 받아들이고 인정하라는 뜻이다. 질병을 부정한다고 해서 당신이 얻을 수 있는 건 없다. 당신 집에서 악마를 몰아낸들 곧 그 악마는 더 악독한 악마를 대동하고 돌아오기 마련이다. 건강과 정신적으로 새로운 관계를 맺으려면 당신은 질병과 이어져 있던 모든 관계의 줄을 끊어 내야 한다.

'건강의 과학'을 삶에 적용하는 첫 번째 단계는 '건강'으로만 통하는 생각의 문을 열고 들어서는 것이다. 당신의 건강한 모습을 구체적인 이미지로 떠올리거나 그림으로 그려 보라. 그게 가장 좋은 방법이다.

활력 넘치고 완벽하게 건강한 신체를 지닌 자기 모습을 상상해 보라. 그런 뒤 충분한 시간 동안 그 이미지를 계속 떠올리며 같은 생각을 습관화하라.

실제로 해 보면 말만큼 쉽지만은 않다. 그러니 여유를 갖고 충분한 명상의 시간을 갖는 과정이 필요하다. 자신의 건강하고 이상적인 몸을 선명한 그림으로 형상화할 수 있을 만큼 모두가 뛰어난 상상력을 지니고 있지는 않기 때문이다.

『부는 어디에서 오는가?-부의 비밀』에서도 기술했듯, 자신이 '원하는' 것의 이미지를 형상화하는 편이 더 쉬울 수 있다. 왜냐하면 그건 자신이 이미 보았거나 익히 알고 있는 모습일 터이기 때문이다. 자신이 완벽하게 건강했던 모습을 본 적 없다면 머릿속에서 선명한 이미지를 형상화하는 일이 쉽지 않을 것이다. 그러나 기억 속에 있는 그림을 떠올리기는 어렵지 않다.

이때, 자신이 원하는 모습의 정신적 이미지가 반드시 선명해야 하는 것은 아니다. 무엇보다 중요한 것은 '완벽한 건강'에 대한 개념을 형상화하고 그것에 자신을 연결하는 일이다. '건강의 개념'을 형상화한다는 것은 특정 존재의 이미지를 떠올리는 게 아니다. 대신, 신체 모든 기관과 장기가 완벽하게 기능하고 있다는 생각을 견지하는 태도를 말한다.

이상적인 체형을 지닌 당신의 모습을 상상하라. 단 이때, 당신 자신을 무슨 일에든 완벽하게 활력 넘치고 건강한 방식으로 임하는 사람이라고 생각해야 한다. 길을 걸을 때는 곧은 자세로 활기차게 걸음을 내딛는 당신의 모습을 상상하라.

직장에서 일할 때는 막힘없이 승승장구하며 신나게 임하는 당신 모습을 그려 보라. 지치고 약한 모습을 상상해서는 안 된다. 모든 일을 활력과 건강으로 충만한 사람이 하고 있다고 상상하라. 그러면 머릿속에서 당신을 그런 사람으로 떠올릴 수 있을 것이다.

결코 나약하고 기운 없는 사람이 하는 방식으로 생각하지 말라. 언제나 건강한 사람이 하는 방식으로 생각하라. 여유 시간이면 '강인한 방식(Strong Way)'에 관해 생각하고 그 개념이 뇌리에 확실히 각인될 수 있게 해야 한다.

그리고 언제나 '강인한 방식'에 자신을 연결해서 생각하라. 이게 바로, 앞서 말한 '건강의 개념'을 확보한다는 의미다. 신체의 모든 부위와 기능을 완벽하게 한답시고, 또 모든 장기의 개별 이미지를 확보한답시고 생리학이나 해부학을 공부할 필요는 없다. 당신 몸속에 있는 간이나 신장, 위장, 심장을 들여다보지 않아도 된다.

인간에게는 '건강의 원천'이 있어 그게 모든 비자발적 기능을 조절한다. 완벽한 건강에 대해 생각하면 그 생각이 '건강의 원천'에 각인되어 인체 모든 부위와 장기에 닿는다. 우리 몸은 간은 간의 원천에, 위장은 위장의 원천에 의해 조절되는 식으로 움직이지 않는다. '건강의 원천'은 오직 하나다.

오히려 생리학을 낱낱이 알지 못하는 편이 건강을 위해 더 낫다. 우리 같은 일반인이 '생리학'이란 과학에 관해 가진 지식은 다분히 불완전하다. 그래서 불완전한 생각으로 이어질 확률이 높다. 불완전한 생각은 신체 기능의 불완전한 활동을 유발할 수 있다. 이 불완전한 신체 활동이 바로 병에 걸린 상태다.

예를 들어 설명해 보겠다. 최근까지* 생리학에서는 인간이 음식물을 섭취하지 않고 버틸 수 있는 시간을 최장 10일로 못 박았다. 10일을 넘어가면 극히 예외적인 경우로 치부했다. 그래서 음식을 먹지 않으면 인간은 5일에서 10일 사이 죽음에 이른다는 게 범우주적 정설이 되었다. 난파, 사고, 기아 등의 이유로 음식 공급이 끊기면 그만큼만 버틸 수 있다고 간주한 것이다.

---

* 이 책은 100년 전에 쓰였다.

그런데 태너 박사(Dr. Tanner)의 논문을 보면 40일 단식한 사례가 있고, 듀이 박사(Dr. Dewey)의 저술에 포함된 단식 치료 사례를 보면 40일에서 60일 동안 음식을 끊고도 생존한 사람이 적지 않다는 사실이 실험으로 밝혀졌다. 이 모든 자료는 음식 없이 생존할 수 있는 인간의 능력이 기존에 생각했던 것보다 훨씬 뛰어나다는 사실을 입증한다. 제대로 단식 방법을 익히면 어떤 사람이라도 큰 체중 변화 없이 20일에서 40일까지 음식을 끊을 수 있고 아울러 외견상 기력이 빠진 것처럼 보이지 않을 수도 있다고 한다.

단식을 시작하고 10일 이내 사망한 경우는 그 사람이 스스로 죽음을 피할 수 없다고 믿었기 때문이다. 생리학에 관한 잘못된 지식이 자기 몸 상태에 관해 잘못 생각하게 만든 것이다.

그는 사람이 음식을 끊으면 10일에서 50일 사이에 사망한다고 생각한 것이다. 단식에 관해 그렇게 배웠고 그랬기에 배운 대로 생각했기 때문이다. 이렇듯 잘못된 생리학 지식이 안타까운 결과를 초래할 수도 있다.

오늘날 생리학은 '건강의 과학'을 충분히 다루지 못하고 있다. 지금의 과학은 '건강의 과학'을 충분히 구체화하지 못했다. 온갖 억측이 난무하는 가운데 우리는 아직 인간의 몸 안에서 무슨 일이 어떻게 일어나는지 제대로 알지 못한다.

우리는 음식이 어떻게 소화되는지도 제대로 알지 못한다. 음식이 우리 몸 안에 들어가 어떤 과정을 거쳐 에너지를 만들어 내는지 정확히 알지 못한다. 간, 비장, 췌장이 왜 있는지도 모르고 그 분비액이 소화 과정에서 각각 어떤 역할을 하는지도 정확히 알지 못한다. 물론 이와 연관해 전반적인 이론이 존재하지만, 그래도 우리가 모든 진실을 '진실로' 안다고 할 수는 없다.

생리학에 관해 공부하려 한다면 당신은 이론과 논쟁의 영역으로 발을 들여놓게 된다. 그러면 상충하는 의견이 분분한 가운데 자신에 관해 잘못된 생각을 형상화할 우려가 있다. 이렇게 잘못된 개념은 잘못된 생각으로 이어지고, 잘못된 생각은 기능 이상과 질병을 초래하기 쉽다.

완벽한 건강에 대해서만 생각할 수 있게 되는 것을 생리학으로부터 얻어야 할 가장 큰 혜택으로 여겨야 한다. 완벽하게 건강한 방식으로 먹고, 마시고, 숨쉬고, 잠잘 수 있게 되는 것이어야 한다. 그런데 이 책의 후반부에서 다루겠지만 이는 생리학을 공부하지 않고도 얼마든지 할 수 있는 것들이다. 위생학의 경우도 마찬가지다. 물론, '위생'과 관련해 우리가 기본적으로 알아야 할 내용은 있다.

그러나 그런 필수 지식을 제외하고는 생리학이나 위생학을 몰라도 된다. 오히려 그에 관해 배울수록 인체의 불완전한 상태에 관해 더 많은 생각을 하게 될 것이며 그런 생각은 실제로 불완전한 상태를 불러올 우려가 있다. 오로지 건강에 관해서만 생각한다면 '질병'을 다루는 다른 과학은 굳이 알아야 할 필요가 없다.

현재 당신의 건강이 좋지 않은 상태라면 그 증상이나 원인, 예상되는 결과 등에 집착하는 대신 '건강의 개념'을 형상화하는 데 집중하는 편이 낫다. 오로지 건강에 관해, 그리고 건강이 주는 가능성에 관해서만 생각하라. 당신이 완벽하게 건강한 상태일 때 할 수 있는 일, 누릴 수 있는 즐거움에 관해서만 생각하라.

그리고 이런 건강의 개념이 당신이 하는 모든 생각의 기준이 되게 하라. 그에 부합하지 않는 생각은 잠시라도 개입하지 못하도록 철저히 방어하라. 어떤 종류든 질병에 대한, 또 불완전한 기능에 관한 생각이 떠오르려 하면 '건강의 개념'에 부합하는 다른 생각으로 그 즉시 대체해야 한다.

더불어, 언제나 당신이 '건강의 개념'을 인지하고 있다고 생각하라. 자신을 강하고 완벽한 건강한 사람이라고 생각하고 그에 반하는 생각은 결코 품지 말라.

자신을 '건강의 개념'에 부합하는 존재로 생각하면 그 몸의 세포마다 스미고 밴 원천 물질이 그 생각에 맞춰 형태를 만들기 시작한다. 그러면 곧 이 궁극의 '지적 물질(Intelligent Substance)'은 당신 몸의 세포를 완벽히 건강하게 재건시켜 주는 방향으로 그 모든 기능을 가동할 것이다.

만물을 창조한 이 지적 물질은 만물에 스며 있으며 당신의 몸속에, 또 당신의 몸을 관통해 존재한다. 이때, 이 물질이 움직이는 방식은 당신이 하는 생각에 맞춰진다. 고로, 완벽하게 건강한 기능만을 생각한다면 당신 몸이 완벽하게 건강한 방식으로 기능할 수 있게 원천 물질이 도울 것이다. 그러니 항시 당신의 몸을 완벽한 건강과 연결해서 생각해야 한다.

혹시라도 다른 생각이 개입하게 방심하지 말라. 당신이 완벽하게 건강하다는 사실에 완벽한 믿음을 가져라. 적어도 당신의 정신적 몸에 관한 한 이것이 확고한 진실임을 믿어라.

당신의 몸은 정신적 몸과 육체적 몸으로 이루어져 있다. 정신적 몸은 당신이 자신에 관해 생각하는 바가 형태로 구현된 것이다. 당신 몸에 관해 무엇인가를 계속 생각하면 그 생각이 육체적 몸에 변화를 일으켜 외부로 가시화된다. 즉, 정신적 몸이 완벽한 기능에 관해 생각하면 그 생각으로 인해 육체적 몸의 기능이 완벽하게 움직이는 것이다.

당신이 정신적 몸에 이상적인 이미지를 심는다고 그 즉시 육체적 몸이 그대로 변형되는 건 아니다. 우리는 예수처럼 육체적 몸을 임의대로 바꿀 수 없다. 그러나 형태가 창조되고 재창조될 때 원천 물질은 나름의 정해진 성장 방향대로 움직인다. 일단 원천 물질에 건강한 생각이 각인되면 자연히 세포마다 건강이 스며들어 건강한 몸이 만들어지게 되어 있다.

그러니 오로지 완벽한 건강에 관한 생각만 견지하라. 그러면 궁극적으로 당신의 몸은 완벽하게 기능할 수밖에 없다. 몸의 기능이 완벽해지면 그 몸은 완벽하게 건강해진다.

이제, 이 장의 내용을 다음과 같이 요약해 보겠다.

하나, 당신의 육체적 몸에는 지적인 원천 물질이 스며 있고 채워져 있다. 원천 물질은 당신의 정신적 몸에 형태를 입혀 외부로 가시화한다. 즉, 정신적 몸이 육체적 몸의 기능을 조절한다. 당신이 질병이나 불완전한 기능을 생각하면 그게 정신적 몸에 각인되어 육체적 몸에 질병이나 불완전한 활동이 일어난다. 당신이 병에 걸리는 이유는 정신적 몸에 잘못된 생각이 각인되었기 때문이다. 그 생각은 당신 자신의 것일 수도 있고, 부모의 것일 수도 있다. 인간은 누구든 의식적 수준에서 다양한 각인이 이루어진 상태로 생을 시작한다. 그 각인에는 좋은 것도 있고 잘못된 것도 있다. 하지만 모든 마음은 근본적으로 '건강'을 향해 나아가게 되어 있다. 설사, 당신의 정신적 몸에 '건강'과 관련된 각인이 전혀 없더라도 당신 몸의 모든 기능은 완벽하게 건강한 방식으로 돌아가게 되어 있다.

둘, 당신 안에 존재하는 '자연의 힘(The Power of Nature)'을 활용하면 부모로부터 대물림한 것들을 얼마든지 극복할 수 있다. 생각을 조절하는 법을 익혀 오로지 건강에 대해서만 생각하고, 더불어 자발적 기능을 완벽하게 건강한 방식으로 수행한다면 당신은 틀림없이 건강해질 수 있다.

5장

믿음

'나는 이미 완벽하게 건강하다'는 믿음의 힘이 필요하다

'건강의 원천'은 '믿음'에 의해 움직인다. 다른 그 무엇도 효력이 없다. 당신을 건강과 이어 줄 수 있는 것은 오로지 믿음뿐이다. 믿음만이 당신이 생각 속에서 질병과 맺고 있는 관계의 줄을 끊을 수 있다.

건강에 대한 신념을 확보하려면 무엇을 믿어야 하는가? 우선 당신 자신, 그리고 당신 주변 환경 모두에 질병의 힘보다 건강의 힘이 더 강하게 포진해 있다는 사실을 믿어야 한다.

자신이 '장차' 건강해질 것이라고 선언하면 안 된다. 당신이 '이미' 건강한 상태라고 믿는 마음을 확언해야 한다. 건강에 관한 믿음을 확보하고, 그 믿음을 당신 삶에 적용한다는 의미는 당신이 이미 건강하다는 사실을 믿는 것이다.

"나는 완벽하게 건강하다"

당신 안에 있는 '건강의 원천'은 그 생에 필요한 힘을 '생명의 원천'으로부터 얻는다. 스스로 건강하다고 믿고, 받은 건강에 감사하면 당신은 생명의 원천에 이어질 수 있다.

'건강의 원천'은 '믿음'에 의해 움직인다. 다른 그 무엇도 효력이 없다. 당신을 건강과 이어 줄 수 있는 것은 오로지 믿음뿐이다. 믿음만이 당신이 생각 속에서 질병과 맺고 있는 관계의 줄을 끊을 수 있다. 건강에 대한 믿음이 없다면 당신은 줄곧 질병에 관해서만 생각할 것이다. 그 믿음이 없다면 당신은 끊임없이 의심하고 두려워할 것이다. 두려움을 느끼는 순간, 당신은 두려워하는 것에 스스로 자신을 결부시키는 우(愚)를 범하게 된다.

질병에 대해 두려워하면 당신은 그 병에 연결된 자신

을 생각할 수밖에 없다. 그렇게 되면, 당신 몸 안에 그 질병의 형태와 움직임이 만들어진다. 원천 물질은 생각을 형태로 창조한다. 그래서 당신 안의 정신적 몸-원천 물질-도 당신이 하는 생각의 형태와 움직임을 만들어 낸다. 고로 당신이 질병을 두려워하다 못해 그 병에 걸린 자신의 안위를 의심한다면, 그리고 그 병에 관해 심각하게 고민한다면 당신은 그 병에 자신을 결부시켜 실제로 그 형태와 움직임을 스스로 창조하게 되는 것이다.

이 부분에 관해 좀 더 상세히 살펴보겠다. '생각'이 잠재력이나 창조력을 발휘하려면 그 속에 믿음이 담겨 있어야 한다. 믿음을 품지 않는 생각은 그 어떤 형태도 만들지 못한다. 모든 진실을 알고 있기에 오로지 진실만 생각하는 무형의 원천 물질은 모든 생각 속에 완벽한 믿음을 품고 있다. 원천 물질은 또한 오로지 진리만을 생각하기 때문에 그 모든 생각에는 창조가 결부된다.

그런데 만약 무형의 원천 물질 속에서 행해지는 당신의 생각에 믿음이 없다면 어찌 되는가? 그런 생각은 원천 물질을 움직이게 하거나 형태를 만드는 데 아무런 힘이 되지 못한다.

오로지 믿음을 기반으로 만들어진 생각만이 창조 에너지를 품는다. 그래서 믿음을 품은 생각만이 몸의 기능을 변화시킬 수 있으며 건강의 원천을 가동할 수 있다.

건강에 대한 믿음을 갖지 못하면 그 대신 당신 안에는 질병에 대한 믿음이 자리 잡는다. 당신 안에 건강에 대한 믿음이 없다면 건강에 관해 그 무엇을 생각한들 아무런 힘을 쓰지 못한다. 그런 생각은 잠재력을 품지 못했기에 현재의 증상을 낫게 하는 데 아무런 효과가 없다.

거듭 말하지만, 건강에 관한 믿음을 갖지 못하면 당신은 병에 대한 믿음을 지니게 된다. 건강에 대한 믿음이 없는 상태에서 건강에 관해 하루에 열 시간을 생각하고, 병에 관해서는 단 몇 분만 생각한다고 가정해 보자. 이때, 결국 당신의 상태를 통제하는 건 건강에 관한 생각이 아니라 병에 관한 생각이다. 믿음의 잠재력을 지닌 쪽이 '건강'이 아니라 '병'이기 때문이다. 그렇게 되면 당신의 정신적 몸에 병의 형태와 움직임이 만들어져 당신은 그 병을 떨쳐 내지 못하게 된다. 건강에 관한 당신의 생각이 그 형태나 움직임을 변화시킬 만큼 충분한 역동성을 지닐 수 없기 때문이다.

'건강의 과학'을 실천하려면 그 무엇보다 당신이 건강에 대해 절대적인 믿음을 가져야 한다. 믿음은 굳은 신념으로부터 시작된다. 이즈음에서 한 가지 질문을 제기해 볼 수 있다. 건강에 대한 신념을 확보하려면 무엇을 믿어야 하는가? 우선 당신 자신 그리고 당신 주변 환경 모두에 질병의 힘보다 건강의 힘이 더 강하게 포진해 있다는 사실을 믿어야 한다. 다음 사실을 고려해 보면 이 말을 믿을 수밖에 없을 것이다.

이 세상에는 만물을 창조한 생각하는 원천 물질이 존재하며 이 물질은 우주 곳곳에 스미고 배어 우주 공간의 결결이, 층층이 쌓여 있다. 이 원천 물질이 형태를 생각하면 형태가 만들어진다. 이 물질이 움직임을 생각하면 움직임이 만들어진다. 인간을 놓고 원천 물질은 언제나 완벽한 건강과 완벽한 기능을 생각한다. 인간의 내부와 외부 모두에 존재하는 이 원천 물질의 방향은 언제나 '건강'을 향해 있다.

인간은 생각하는 존재로 근원적인 생각을 할 수 있다. 인간 안에 존재하는 원천 물질의 정신적 몸은 육체적 몸에 스며 그 기능을 조절한다. 고로, 인간이 건강한 기능에 관해 믿음을 갖고 생각하면 몸 안의 전반적인 기능이 건강한 방식으로 움직인다. 그 결과, 몸의 외부 기능도 그에 맞춰 호전된다. 하지만 인간이 질병 자체에, 또 질병의 힘을 믿으면 신체 내부 기능이 질병의 기능을 따르게 되어 있다.

우리 인간 내부에 존재하는 지적인 원천 물질은 '건강'을 향해 움직이며 사방에서 그 힘을 우리에게 가한다. 이렇게 인간은 무제한으로 공급되는 건강의 바다에서 살고 움직이며 존재한다. 그리고 이 힘을 '믿음'에 근거해 사용한다. 인간은 누구든 이 힘을 포착해 자신에게 적용하면 그 힘을 소유하게 된다. 이 힘을 사용해 흔들림 없는 믿음에 자신을 연결하면 건강을 얻을 수밖에 없다. 그 사람 안에 존재하는 원천 물질의 막강한 힘이 늘 함께할 것이기 때문이다.

이 모든 것을 믿는 일이 바로 건강을 위한 믿음의 토대를 마련하는 길이다. 이제까지의 모든 내용을 믿는다면 당신은 많은 진리를 믿게 될 것이다. 당신은 '건강'이란 다른 게 아니라 우리 인간의 자연스러운 상태를 의미한다는 사실도 믿게 될 것이다.

더불어 당신이 범우주적 건강의 중심에서 살아가고 있다는 사실 또한 믿게 될 것이다. 또, 자연의 모든 힘은 건강을 위해 존재하고 누구나 이런 건강을 성취할 수 있다는 사실도 믿게 될 것이다. 당신은 우주 안에 존재하는 건강의 힘이 질병의 힘보다 1만 배 더 크다는 사실도 믿게 된다.

질병은 잘못된 생각과 잘못된 믿음의 결과물에 지나지 않으므로 아무런 힘도 발휘하지 못한다.

당신은 건강해질 수 있고, 당신 힘으로 건강을 성취할

부는 어디에서 오는가-건강의 비밀

수 있다. 당신이 그렇게 믿는다면 또, 건강해지기 위해 당신이 해야 할 바를 정확히 안다면 당신은 건강에 대한 믿음을 확보할 수 있다. 그런 믿음을 얻고 그 믿음의 실천을 도와줄 내용이 이 책에 담겨 있다. 그러니 모쪼록, 신중하게 이 책을 읽어라. 그러면 당신은 틀림없이 건강에 대한 믿음과 올바른 지식을 얻을 수 있을 것이다.

그러나 단순히 믿음을 품는 일만으로는 충분하지 않다. 믿음이 치유력을 발휘하게 하려면 그 믿음을 당신 개인 삶에 적용해야 한다. 당신은 우선, 시작 단계부터 '건강'을 확언해야 한다. 그래서 건강의 개념을 형상화해야 한다. 최대한 자신을 건강한 사람이라고 생각해야 한다. 그리고 굳은 믿음으로 당신이 건강의 개념을 현실화하고 있다고 선언하라.

이때, 당신이 '장차' 건강해질 것이라고 선언하면 안 된다. 당신이 '이미' 건강한 상태라고 믿는 마음을 확언해야 한다. 건강에 관한 믿음을 확보하고, 그 믿음을 당신 삶에 적용한다는 의미는 당신이 이미 건강하다는 사실을 믿는 것이다. 그 첫 번째 단계로 당신은 이 모든 게 진실임을 선언해야 한다.

정신적으로 당신이 건강하다는 '태도'를 확립하라. 그리고 그 태도에 상반되는 그 어떤 말이나 행동도 하지 말라. 모쪼록, 이렇게 선언하라.

나는 완벽하게 건강하다.

앞으로 이 말에 어울리지 않는 단어는 절대로 입에 담지 말고, 이 말에 어울리지 않는 행동을 일절 삼가라.

걸을 때는 가벼운 발걸음으로, 가슴을 활짝 펴고, 고개를 똑바로 들고 걸으라. 겉으로 보이는 당신의 태도 및 행동이 건강한 사람의 것에 합당한지 늘 살피라. 혹시라도 나약하고 약한 태도가 개입될 기미가 보이면 그 즉시 태도를 수정하라. 몸을 똑바로 하고, 건강과 힘에 대해 생각하라. 당신을 완벽하게 건강하다고 여기지 않는 그 어떤 생각도 거부하라.

믿음을 삶에 적용하는 과정에서 크게 도움될 만한 비결이 하나 있다. 바로 감사하는 마음을 실천하는 것이다.

자신에 관해, 또는 현재의 증상이 호전된다고 생각할 때마다 당신이 지금 누리고 있는 완벽한 건강을 준 원천 물질에 감사하라.

스웨덴보리*가 말했듯, 이 우주에는 궁극의 존재에게서 나온 충만한 생명력이 항시 흐르고 있다. 그 사실을 한시도 잊지 말라. 이 생명력은 우주 만물의 형태에 기초해 제공된다. 인간은 믿음에 기초해 이 생명력을 얻는다. 궁극의 존재인 원천 물질로부터 흘러나온 이 '건강'의 생명력이 언제나 당신을 에워싸고 있다는 사실을 기억하라. 그렇게 생각할 때마다 경건한 마음으로 감사하라. 당신을 이런 놀라운 진리로 이끌어 준 데 대해, 또 당신에게 정신적, 육체적으로 완벽하게 건강한 몸을 내려 준 데 대해 깊이 감사하라. 그리고 감사하는 마음이 몸과 마음에 스며 당신이 하는 모든 말이 그 증거가 되게 하라.

'감사'는 당신이 하는 생각의 장(場)을 주체적으로 소

---

* Swedenborg(1688~1772): 18세기 스웨덴의 자연과학자, 철학자, 신학자.

유하고 조절하게 해 준다. 질병에 관해 생각할 때마다 무슨 생각이 떠오르든 그 즉시 '건강'을 선언하고 당신에게 완벽한 건강을 준 신께 감사하라.

그리하여 질병에 관한 생각이 끼어들 틈을 허용하지 말라. 질병과 연관된 그 어떤 생각도 받아들이지 말고, 그런 생각이 들어오려 하는 마음의 문을 닫아야 한다. 그런 뒤, 당신이 건강하다고 선포하라.

그리고 그럴 수 있음에 경건한 마음으로 신께 감사하라. 그렇게 하면 질병에 관한 예전의 그릇된 생각이 더는 당신을 기웃거리지 못할 것이다.

'감사'에는 두 가지 효과가 있다. 당신 안의 믿음을 강화하고 당신이 궁극의 존재와 조화로운 관계를 맺을 수 있게 이끌어 준다. 당신은 이 우주에 생각하는 원천 물질이 있어 모든 생명을 창조하고 모든 힘이 거기서 나온다는 사실을 믿어야 한다. 당신 자신의 생명도 그 물질에서 받았음을 믿어야 한다. 그렇게 하려면 항상 감사하는 마음을 가질 수밖에 없어 자연히 신에 가까워진다.

생명의 근원인 원천 물질에 가까이 연결될수록 당신은 충만한 생명력을 느낄 것이다. 아울러, 당신이 생명의 근원과 맺는 관계는 전적으로 당신 마음가짐에 달렸다는 사실도 깨닫게 될 것이다.

우리는 신과 육체적으로 관계를 맺을 수 없다. 왜냐하면 신도 인간도 모두 정신적인 존재이기 때문이다. 따라서 신과 인간의 관계 역시 정신적으로 이루어질 수밖에 없다.

그렇기에 온 마음으로 감사하는 사람은 감사할 줄 모르는 사람보다 신에게로 한결 가까이 갈 수 있다. 감사하지 않는 마음은 신에게서 오는 생명력을 거부하는 행위다. 신과 이어진 밧줄을 제 손으로 끊는 행위다.

이에 반해 감사할 줄 아는 사람의 시선은 언제나 신을 향해 있다. 그래서 언제든 그 충만한 생명 에너지를 받을 수 있도록 마음을 열어 둔다. 그런 사람에게는 계속해서 생명의 에너지가 흘러든다.

당신 안에 있는 '건강의 원천'은 그 생에 필요한 힘을

'생명의 원천'으로부터 얻는다. 스스로 건강하다고 믿고, 받은 건강에 감사하면 당신은 생명의 원천에 이어질 수 있다. 모쪼록, 믿음과 감사의 밭을 부지런히 일구어 가는 데 의지력을 잘 활용하길 바란다. 다음 장에서 그에 관한 이야기를 하려 한다.

6장

의지력의 활용

의지력을 발휘해 오로지 건강만 염두에 두라

당신은 의지력을 다름 아닌 '마음'에 써야만 한다. 당신이 무엇을 믿고, 무엇을 생각하고, 무엇에 주목할지 결정하는 데 써야 한다.

완벽한 건강에 대한 개념을 형상화하라. 완벽한 건강의 이미지를 끊임없이 생각함으로써 완벽한 건강의 확실한 의미를 확보하라. 어떤 일을 하든 건강하고 기운 넘치는 사람의 방식으로 임하는 자기 모습을 형상화하라.

당신이 반드시 기억해야 할 핵심 지침은 질병에 이어진 모든 정신적 연관 고리를 끊고 자신을 오로지 '건강'과 연결해야 한다는 점이다. 이것이 모든 정신적 치유를 가능케 하는 열쇠인 동시에 치유의 모든 것이라고 할 수 있다.

의지력을 발휘해 오로지 건강에 관해 생각하는 생각만 선택하라. 그래서 당신의 주변 환경을 건강에 관해서만 생각할 수 있게 정비하라. 건강과 힘, 기쁨, 생명, 활력, 젊음 등에 관해서만 생각하게 하는 것들을 곁에 두라.

'건강의 과학'을 삶에 적용하려면 당신이 지닌 의지력을 올바르게 써야 한다. 당신 힘으로 갈 수 없는 곳에 가느라 기 쓰는데 의지력을 소모하지 말라. 육체적 몸의 능력으로 할 수 없는 일을 하느라 의지력을 허비하지 말라. 당신은 육체적 몸을 위해 의지력을 써서는 안 된다. 또 내부 기능을 무리하게 가동하는 데 써서도 안 된다.

당신은 의지력을 다름 아닌 '마음'에 써야만 한다. 당신이 무엇을 믿고, 무엇을 생각하고, 무엇에 주목할지 결정하는 데 써야 한다. 의지력을 당신 몸 밖에 존재하는 어떤 사람이나 어떤 사물에 써서는 안 된다. 당신의 몸에 의지력을 써서도 안 된다. 의지력을 제대로 써야 하는 단 하나의 경우는 당신이 무엇에 주목할지 결정하는 때가 되어야 한다. 그리고 그걸 결정했다면 다음부터는 그것에 관해 생각하는 데 의지력을 써야 한다.

무릇, 믿음은 무엇인가를 믿고자 하는 의지력을 발휘하는 것으로 시작된다. 그러나 무엇인가를 믿기로 작심했다고 해서 그 즉시 바로 믿을 수 있는 것은 아니다. 단, 당신이 믿고 싶어 하는 것을 믿기 위해 의지력을 발휘하는 일은 언제든 바로 할 수 있다.

고로, 일단 '건강'에 관한 진실을 믿고 싶다면 당신은 그것을 믿는 데 의지력을 발휘할 수 있다. 당신이 지금까지 읽어 온 이 책의 내용이 바로 건강의 진실이다. 그리고 당신은 그 내용을 믿는 데 의지력을 발휘할 수 있다. 그게 '건강'으로 가는 당신의 첫걸음이 되어야 한다.

당신이 믿기 위해 의지력을 발휘해야 하는 진실은 다음과 같다.

하나, 이 우주에는 만물을 창조한 원천 물질이 존재하며 인간은 그 물질로부터 '건강의 원천'을 받는다. 이것이 원천 물질로부터 우리가 받는 생명이다.

둘, 우리 인간 자체가 생각하는 물질이다. 우리의 정신적 몸은 육체적 몸에 스며들어 우리가 하는 생각과 육체적 몸의 기능을 통제하고 조절한다.

셋, 인간이 오직 완벽한 건강에 대해서만 생각하면 그 육체적 몸의 내부 및 자발적 기능은 건강하게 수행된다. 그리고 육체적 몸의 외부 및 자발적 기능, 그리고 행동 역시 그 생각에 맞춰 움직인다.

이상의 내용을 믿는 데 의지력을 발휘하기로 했다면 이제 당신이 할 일은 그 내용을 행동으로 옮기는 것이다. 행동이 따르지 않는 믿음은 결코 오래 가지 않는 법이다. 실천하지 않는 믿음은 신념으로 자랄 수 없다. 믿음에 상반되는 것이 진실인 양 행동한다면 당신은 그 믿음으로부터 아무런 혜택을 얻을 수 없다.

계속해서 아픈 사람처럼 행동하면 건강에 대한 믿음을

확보할 수 없다. 늘 아픈 사람처럼 행동하면 자신을 아픈 사람으로 생각하게 마련이다. 계속해서 자신을 아픈 사람으로 생각하면 당신은 계속해서 아플 수밖에 없다.

외견상 건강한 사람으로 행동하는 첫 번째 단계는 내면적으로 건강한 사람으로 행동하는 것이다. 완벽한 건강에 대한 개념을 형상화하라. 완벽한 건강의 이미지를 끊임없이 생각함으로써 완벽한 건강의 확실한 의미를 확보하라. 어떤 일을 하든, 건강하고 기운 넘치는 사람의 방식으로 임하는 자기 모습을 형상화하라. 그래서 당신이 그 모습과 똑같은 방식으로 할 수 있고, 똑같은 방식으로 할 것임을 믿으라. 건강의 개념을 뚜렷하게 확보할 때까지, 그리고 그 개념이 당신에게 의미가 생길 때까지 이 과정을 계속 반복하라.

여기서 말하는 '건강의 개념'이란 건강한 사람이 사물을 보고 행동하는 방식을 의미한다. 완벽하게 건강한 사람으로서 어떻게 살고, 어떻게 보이고, 어떻게 행동하고, 어떻게 일할지, 그에 대한 명확한 개념을 형상화해야 한다. 그래서 당신이 건강한 사람의 방식으로 모든 일을 처리하고 있다는 생각이 각인될 때까지 자신을 건강에 연결 지어 생각하라. 그런 식으로 건강에 관해 꾸준히 생각하다 보면 건강이 무엇인지, 그 진정한 의미를 깨닫게 될 것이다. 그래서 앞 장에서도 언급했듯, 비록 완벽하게 건강한 당신의 모습을 명확하게 떠올릴 수는 없어도 건강한 사람처럼 행동한다는 것이 무엇인지 그 개념을 형상화할 수는 있을 것이다.

건강의 개념이 확보되면 당신을 완벽한 건강에 결부시켜 오로지 그 생각만 견지하라. 그리고 가능하다면 주변의 다른 사람도 결부시켜라. 질병에 관한 생각이 떠오르면 물리쳐야 한다. 그런 생각이 당신 마음속에 들어오게 허용해서는 안 된다. 그런 생각을 불러들이거나 그런 생각에 매달려 있어서도 안 된다. 그런 생각이 찾아오면 '건강'에 대한 생각으로 맞아라. 당신이 건강하다는 생각으로 맞아라. 당신이 받은 건강에 진심으로 감사하는 마음으로 맞아라. 혹시라도 질병에 관한 생각이 또렷이 닥쳐

오거나 감당하기 어려운 지경에 봉착한다면 감사하는 마음으로 돌아가라.

그리고 그 즉시 궁극의 존재와 연결을 시도하라. 그래서 당신에게 완벽한 건강을 준 신께 감사하라. 그러면 곧 생각을 조절할 수 있게 될 것이다. 당신이 원하는 생각을 할 수 있게 될 것이다. 의심과 시험, 유혹이란 파도가 덮칠 때는 감사하라. 감사하는 마음이 든든한 닻이 되어 당신이 파도에 쓸려가지 않게 지켜 줄 것이다.

당신이 반드시 기억해야 할 핵심 지침은 질병에 이어진 모든 정신적 연관 고리를 끊고 자신을 오로지 '건강'과 연결해야 한다는 것이다. 이것이 모든 정신적 치유를 가능케 하는 열쇠인 동시에 치유의 모든 것이라고 할 수 있다.

이 부분에서 우리는 크리스천 사이언스(Christian Science)*가 한때 큰 성공을 거둔 이유를 엿볼 수 있다. 크리

★ 약이나 의술을 사용하는 전통 의학 요법을 배제하고 신앙 요법만을 써서 병을 치료하는 기독교 종파.

스천 사이언스는 기존 의료 체계와 달리, 환자가 질병과의 관계를 끊고 그 마음을 전격적으로 건강에 연결할 것을 강조한다. 크리스천 사이언스의 치유력은 그 나름의 신앙 형식이나 물질의 부정에 있는 게 아니다. 그들은 환자에게 자신의 병이 실재하지 않으며 실재하는 것은 오로지 건강뿐임을 믿음으로 받아들이라고 독려했다.

크리스천 사이언스가 쇠락한 이유는 생각하는 것 외에 먹고, 마시고, 숨쉬고, 잠자는 행위에 관해 '특정 방식'을 따르지 않았기 때문이다.

어떤 말을 반복한다고 해서 치유력이 발휘되는 것은 아니다. 그러나 어떤 중심 생각을 공식화하면 꾸준히 반복하는 일이 수월해진다. 또, 부정적인 영향을 주는 환경에 둘러싸여 있을 때 자기 긍정 선언의 도구로 삼을 수 있다. 주변 사람들이 병이나 죽음에 관해 떠들면 귀를 닫고 마음속으로 다음 문장을 되뇌라.

하나, 이 우주에는 원천 물질이 존재하고 내가 바로 그런 물질이다.

둘, 원천 물질은 영원하며 원천 물질은 생명이다. 내가 바로 그런 물질이며 고로, 나는 영원한 생명이다.

셋, 원천 물질은 질병에 관해 알지 못한다. 내가 바로 그런 물질이며 고로 나는 건강하다.

의지력을 발휘해 오로지 건강에 관해 생각하는 생각만 선택하라. 그래서 당신의 주변 환경을 건강에 관해서만 생각할 수 있게 정비하라. 죽음이나 질병, 허약함, 노화에 관한 책이나 그림 등을 가까이 두지 말라. 건강과 힘, 기쁨, 생명, 활력, 젊음 등에 관해서만 생각하게 하는 것들을 곁에 두라.

어쩌다 질병을 연상시키는 책 같은 게 눈에 띄더라도 관심 두지 말라. 당신이 확보한 '건강의 개념'과 '감사'에 관해서만 생각하라. 의지력을 최대한 발휘해 건강에 관한 생각에 당신의 모든 관심을 고정하라. 이 점에 관해서는 차후 다른 장에서 다시 짚을 것이다. 이 장에서 가장 강조하고 싶은 점은 오로지 건강만 생각하고, 건강만 눈여겨보고, 건강에만 주목하라는 것이다. 의지력을 발휘해 당신의 생각, 분별력, 집중력을 통제하라는 것이다.

단, 이 모든 과정에서 내부 기능을 건강하게 만들려 몸에 무리를 가하는 일이 있어서는 안 된다. 당신 몸의 내부 기능은 당신이 건강에 관한 생각에만 집중하면 '건강의 원천'이 저절로 건강하게 만들어 줄 것이다.

또, 원천 물질로부터 더 많은 힘과 활력을 얻고자 기를 쓰는 데 의지력을 소모해서도 안 된다. 그렇게 하지 않아도 원천 물질은 언제든 당신을 위해 그 모든 힘을 사용할 준비가 되어 있다.

당신은 힘든 상황을 극복하려 혹은 해로운 힘을 억누르려 의지력을 쓸 필요도 없다. 이 세상에 해로운 힘이란 없다. 오로지 하나의 힘, 원천 물질만 존재한다. 그 힘은 당신에게 유리하게 작용한다. 그 힘은 건강을 가져다주는 근원이다.

이 우주의 모든 존재가 당신의 건강을 원한다. 고로, 당신이 극복해야 할 것은 없다. 당신이 극복해야 할 게 있다면 오직 질병에 관해 잘못 생각하는 습관뿐이다. 그 습관을 고칠 수 있는 유일한 길은 건강에 관해 '특정 방식'으로 생각하는 습관을 기르는 것이다. 우리 인간은 누구나 몸의 내부 기능을 완벽하게 건강한 방식으로 수행할 수 있다. 언제나 '특정 방식'으로 생각하면 된다. 그리고 몸의 외부 기능도 역시 '특정 방식'으로 수행하면 된다. '특정 방식'으로 생각하는 데는 집중력을 조절할 필요가 있다. 집중력을 조절할 때 필요한 것이 바로 의지력이다.

무엇을 놓고 그것에 관해 어떻게 생각할지 결정할 권한은 당신에게 있다.

7장

신이 내린 건강

신에게 받은 건강을 잘 쓰려는
의지력과 지력에 달려 있다

궁극의 존재와 완벽한 조화를 이루기 위해서는 당신의 몸, 마음, 영혼이 품은 최대치의 역량을 발휘하며 사는 삶을 목표로 삼아야 한다.

한 인간이 지닌 힘의 강도는 신이 그 사람에게 무엇을 주는가의 문제가 아니라, 신에게서 받은 것을 자기 삶에 잘 쓰고자 하는 의지력과 지력에 달려 있다. 신은 가진 모든 걸 당신에게 주고자 한다. 다만 그 무한 에너지를 당신이 얼마나 받아들일 수 있느냐가 관건이 된다.

신은 인간 안에서 더 완전하게 살고 또 완전하게 자신을 드러내고 싶어 한다. 그렇기에 당신이 가장 풍성한 삶을 살 수 있도록 필요한 모든 걸 아낌없이 당신에게 주고 싶어 한다.

신이 우리에게 내리는 복은 측량할 수 없다. 의심 없이 믿어라. 신은 당신에게 좋은 선물을 아낌없이 내려 준다.

이 장에서는 궁극의 존재인 신이 인간에게 어떻게 건강을 내려 주는지 설명하려 한다. '궁극의 존재'란 우주 만물을 창조한 생각하는 원천 물질을 말한다. 원천 물질은 우주 만물에 깃들어 있으며 그 모두를 관통한다. 그래서 더 완전하고 더 충만하게 그 생명력을 드러낼 길을 모색한다.

이 지적인 원천 물질은 궁극의 유동적인 상태로 우주의 모든 존재에 스미고 모든 사물에 배어 있으며 모든 마음에 닿아 있다. 원천 물질은 생명을 지닌 존재의 모든 에너지와 힘의 원천이며 스웨덴보리의 말에 따르면 존재에 활력을 부여하는 '생의 유입(Inflow)'에 해당한다.

원천 물질은 오로지 하나의 목적, 하나의 목적지를 향해 움직인다. 바로 원천 물질의 '마음'을 완전히 드러내고자 우주 만물의 생명을 발전시키는 것이다. 이 지적인 궁극의 물질과 조화를 이룰 때 원천 물질은 인간에게 건강과 지혜를 내려 준다. 우리 인간이 원천 물질이 품은 목적을 견지할 때 우리는 이 궁극의 지적 물질과 조화로운 합일을 이룰 수 있다.

원천 물질의 목적은 모든 존재가 최대치의 생명력을 구가하는 것이다. 바로 당신이 더 풍성하게 삶을 살 수 있게 돕는 것이다. 그렇다면 당신 자신의 목적도 풍성한 삶을 사는 것이 되어야 한다. 그렇게 하기 위해 당신은 궁극의 원천 물질과 조화를 이루고 그에 따라 움직여야 한다. 그래서 원천 물질이 당신과 함께 움직이게 해야 한다.

궁극의 지적 물질은 만물에 깃들어 있기에 원천 물질과 조화를 이루려면 당신은 먼저 만물과 조화를 이루어야 한다. 당신 자신뿐 아니라 세상 모든 존재의 풍성한 삶을 염원해야 한다.

궁극의 원천 물질과 조화를 이루면 두 가지 혜택이 주어진다. 우리는 우선, '지혜'를 얻는다. 여기서 말하는 '지혜'란 어떠한 사실에 관한 지식을 뜻하는 게 아니다. 그보다는 사실을 분별하고 이해하는 능력, 그리고 그 모든 현상을 적절히 판단하여 삶과 관련된 제반 문제에 올바르게 적용하는 능력을 의미한다. 요컨대, 당신이 원천 물질로부터 받는 '지혜'란 진실을 지각하는 힘, 그리고 그 지식을 가장 잘 활용할 수 있게 되는 능력을 말한다.

더불어, 지혜는 목표를 이룰 최선의 도구를 한눈에 알아보는 능력이요, 그 도구를 얻을 최선책을 찾아내는 능력이다. 원천 물질로부터 이런 지혜와 올바르게 생각하는 힘을 얻으면 당신은 원하는 방향으로 생각하는 한편, 그 생각을 조절할 수도 있다. 그래서 잘못된 생각으로 빚어질 어려움을 방지할 수 있다. 지혜를 확보하면 당신은 특정 욕구의 해소를 위해 올바른 길을 선택하는 능력을 발휘할 수 있다.

그래서 최선의 결과로 이어지는 모든 길을 모색할 수 있다. 원천 물질이 내린 지혜를 기반으로 당신은 자신이 원하는 것을 얻는 방법을 알 수 있다. 당신은 이런 '지혜'야말로 궁극의 원천 물질의 가장 탁월한 속성임을 깨닫게 될 것이다. 원천 물질은 우주 삼라만상의 모든 진실을 알기에 지혜로울 수밖에 없다. 이 궁극의 물질에 마음으로 조화와 합일을 이룬다면 당신 역시 그 놀라운 지혜의 일부가 될 수 있다.

거듭 말하지만, 생각하는 궁극의 물질은 모든 것이며 모든 존재 안에 깃들어 있기에 그 지혜를 얻으려면 당신은 모든 존재와 조화를 이루어야 한다. 혹시라도 당신이 품은 목적이나 염원에 다른 존재를 억압하는 행위나 정의롭지 못한 행동이 개입되어서는 안 된다. 다른 생명의 안위를 저해하는 일이 있어서도 안 된다. 그러면 당신은 결코, 궁극의 원천 물질로부터 지혜를 얻을 수 없다.

우리 인간의 삶은 일반적으로 세 가지 목표를 추구한다. 첫째는 육체의 만족이요, 둘째는 지성의 만족이요, 셋

째는 영혼의 만족이다. 첫 번째 목표는 먹고 마시는 행위 등, 육체적인 감각 충족을 통해 이룰 수 있다. 두 번째 목표는 지식 욕구를 충족시키거나 좋은 옷, 명성, 권력 등을 얻는 등 정신적 감각을 충족시키는 것으로 성취된다. 세 번째 목표는 이기심 없는 사랑, 이타주의의 실천으로 이룰 수 있다. 이 세 가지 목표를 이루는 데 있어, 인간은 그 몸의 모든 기능이 최적의 상태로 움직일 때 가장 지혜롭고 온전한 삶을 산다고 할 수 있다.

육체적 감각만을 추구하는 삶은 지혜롭지 않을 뿐더러 신과 조화를 이루지도 못한다. 한편, 지성의 냉정한 즐거움만 추구하는 삶은 도덕적으로는 완전무결할지 모르지만 역시 지혜롭지 못하고 신과 조화를 이루었다고도 할 수 없다. 또, 전적으로 이타주의를 추구하며 다른 사람을 위해 자신을 내던진 삶 역시 지혜롭다고 할 수 없다. 이런 삶도 신과 조화를 이루었다고 보기는 어렵다.

궁극의 존재와 완벽한 조화를 이루기 위해서는 당신의 몸, 마음, 영혼이 품은 최대치의 역량을 발휘하며 사는 삶을 목표로 삼아야 한다. 그렇게 하려면 육체적 몸의 모든 기능이 나름의 방식으로 완벽하게 수행되어야 한다. 어느 한쪽의 넘침이 다른 무엇인가에 결핍을 초래해서는 안 된다. 건강을 위한 당신의 염원 뒤에는 더 풍성한 삶을 향한 염원이 있다. 그 뒤에는 또, 당신 안에서 더 완전한 삶을 살고자 하는 원천 물질의 욕구가 숨어 있다.

따라서 완전한 건강을 목표로 노력할 때 당신은 육체적으로, 정신적으로, 영적으로 완전한 삶을 향한 목표도 견지해야 한다. 당신은 더 풍성한 삶을 위해 모든 방면에서, 모든 여정에서 더 '큰' 삶을 살 수 있어야 한다. 이런 목적의식을 견지할 때 신으로부터 당신에게 지혜가 내려올 것이다.

사람이 하나님의 뜻을 행하려 하면 이 교훈이 하나님께로부터 왔는지 내가 스스로 말함인지 알리라*

---

* 요한복음 7장 17절

자신을 올바르게 다스릴 수 있는 지혜는 인간에게 허락된 가장 은혜로운 선물이다.

그런데 궁극의 지적 물질에게서 당신이 받는 게 지혜가 전부는 아니다. 원천 물질은 당신에게 육체적 에너지, 활력, 생명력도 내려 준다. 원천 물질이 지닌 에너지는 한계가 없으며 모든 것에 스며 있다.

고로 당신은 이미 자연적으로 또 본능적으로 그 에너지를 받고 있으며 자신을 위해서도 쓰고 있다. 이때, 당신이 좀 더 현명함을 발휘한다면 그 에너지를 사용하는 정도와 범위를 훨씬 크게 넓힐 수 있다.

한 인간이 지닌 힘의 강도는 신이 그 사람에게 무엇을 주는가의 문제가 아니라, 신에게서 받은 것을 자기 삶에 잘 쓰고자 하는 의지력과 지력에 달려 있다. 신은 가진 모든 걸 당신에게 주고자 한다. 다만, 그 무한 에너지를 당신이 얼마나 받아들일 수 있느냐가 관건이 된다.

제임스 교수* 또한 우리 인간이 지닌 힘에 한계가 없음을 강조한 바 있다. 그 이유는 단순하다. 인간의 힘은 결코 지칠 줄 모르는 궁극의 원천 물질이라는 저장고로부터 왔기 때문이다. 한계점에 도달한 달리기 주자를 생각해 보자. 그 몸에 있던 힘이 소진되었다고 해도 '특정 방식'으로 달리면 주자는 '두 번째 힘(second wind)'을 얻을 수 있다. 그래서 마치 기적처럼 다시 힘을 얻어 언제까지고 달릴 수 있게 된다.

'특정 방식'으로 그렇게 달려가다 보면 세 번째, 네 번째의 힘도 얻을 수 있다. 우리는 그 힘의 끝이 어딘지, 그 힘이 어디까지 뻗어 나갈 수 있는지 알지 못한다. 다만, 이때 필요한 조건이 있다면 자신이 언제고 다시 힘을 얻을 수 있다는 절대적인 확신이다. 그렇게 하려면 힘에 관해 꾸준히 생각해야 한다. 그리고 자신이 그 힘을 갖고 있음을 굳게 믿어야 한다. 계속 달릴 수 있다는 확신을 품어야 한다.

마음속에서 의심이 고개 들게 용인하면 머지않아 탈진

---

* William James(1842~1910): 미국의 철학자이자 심리학자. 하버드 대학의 심리학 및 의학부 교수를 지냈으며 기능주의 심리학에 큰 업적을 세웠다.

할 수밖에 없다. 당신이 다시 힘을 얻고자 달리기를 멈추는 것만으로 바로 힘이 솟아나지는 않는다. 다시 힘을 얻게 되리라는 확신, 계속 달릴 수 있다는 확신, 그리고 멈추지 않고 달리겠다는 흔들림 없는 목적의식을 견지하면 계속 달리는 몸의 움직임이 그를 에너지의 원천에 연결해 새로운 힘의 공급이 가능해진다.

마찬가지로 몸이 아픈 사람도 '건강'에 대해 확고한 믿음을 품으면 그 목적의식으로 인해 에너지의 원천과 조화롭게 연결된다. 그러면 몸의 자발적 신체 기능이 '특정 방식'으로 움직여 삶에 필요한 모든 생명 에너지를 충만하게 받아들이고 그 결과, 어떤 질병도 치유가 가능해진다.

신은 인간 안에서 더 완전하게 살고, 또 완전하게 자신을 더 드러내고 싶어 한다. 그렇기에 당신이 가장 풍성한 삶을 살 수 있도록 필요한 모든 걸 아낌없이 당신에게 주고 싶어 한다. 이는 작용과 반작용의 법칙과도 같아서 당신이 '더 많은(more)' 삶을 살고자 염원하면 원천 물질의 생명력이 당신을 향해 초점을 모으기 시작한다.

그 결과, 생명력 가득한 원천 물질이 당신을 향해 움직여 온다. 당신을 둘러싼 환경이 온통 생명력으로 가득 차게 된다. 당신이 그 힘을 받아들이면 그때부터 그 힘의 주인은 당신이 된다.

너희가 무엇을 구하든지 다 그대로 이루어질 것이다*

신이 우리에게 내리는 복은 측량할 수 없다. 의심 없이 믿어라. 신은 당신에게 좋은 선물을 아낌없이 내려 준다.

---

* 요한복음 13장 13절

건강을 위한 정신적 활동

모든 생각을 건강한 생각으로 채우고
의식적으로 건강한 행동을 하라

당신이 건강하다는 생각에 믿음을 가지면 당신은 육체적 몸의 건강한 기능을 회복할 수 있다. 의지력을 발휘해 오로지 건강한 생각만 하겠다고 결심하라.

당신이 건강하다는 믿음을 갖고 '건강'이 당신 삶에서 실제로 일어나고 있는 '사실'이라고 받아들여야 한다. '건강'을 궁극의 생명력을 품은 원천 물질이 당신에게 내려 준 축복이라고 선언하라. 그리고 그에 언제나 깊이 감사하라. 믿음으로 그 축복을 받았노라 선언하면 그때부터 당신이 그 축복의 주인이다.

당신이 모든 생각을 건강한 생각으로 채우고 의식적으로 건강한 행동을 한다면 무의식적으로 이루어지는 당신 몸의 모든 내부 기능이 건강한 방향으로 '흐름'을 타게 될 것이다. 왜냐하면 원천 물질의 모든 생명력의 흐름은 언제나 '건강'을 향해 있기 때문이다.

이번 장에서는 '건강의 과학'을 실천하는 데 필수불가결한 정신적 활동과 태도에 대해 다루고자 한다. 우선, 당신은 이 우주에는 만물을 창조한 생각하는 원천 물질이 존재하며 그 물질이 근원적인 상태로 만물에 스미고 배어 이 우주 공간을 층층이, 결결이 채우고 있다는 사실을 믿어야 한다.

이 원천 물질은 모든 생명으로 우주 만물 안에 거하며 더 충만한 생명을 드러낼 방법을 모색한다. 원천 물질은 우주 생명의 원천인 동시에 건강의 원천이다.

우리 인간은 이 원천 물질의 한 형태이므로 그 생명력을 원천 물질로부터 끌어온다. 인간에게는 근본적인 원천 물질의 정신적 몸의 형태가 육체적 몸에 스며 있다. 정신적 몸이 하는 생각은 육체적 몸의 기능을 통제한다. 그래서 인간이 오로지 완벽한 건강에 관해서만 생각하면 그 육체적 몸도 완벽하게 건강한 방식으로 움직인다.

이때, 의식적으로 '완벽한 건강'에 자신을 연결하고자 한다면 주어진 삶이 충만하게 살겠다는 목적의식을 품어야 한다. 당신은 몸, 마음, 영혼에 품어진 삶의 가능성을 최대한 충족시켜 줄 모든 것을 원해야 한다. 그러면 생명의 근원과 조화를 도모할 수 있게 된다.

원천 물질과 의식적으로, 지적으로 조화를 이루고 있는 사람에게는 그것으로부터 계속해서 생명의 활력이 '유입(inflow)'된다. 그런데 이 유입 활동은 분노, 이기심, 적대감 등의 방해를 받는다.

혹시라도 지금 삶의 어떤 부분과 대적하고 있다면 당신은 원천 물질과 연결이 끊어진 상태에 있다고 할 수 있

8장 | 건강을 위한 정신적 활동

다. 그래도 원천 물질로부터 생명력은 내려오겠지만 그 삶은 목적의식을 품은 지적인 삶이 아니라 본능적이고 기계적일 공산이 크다.

삶의 어떤 부분과 정신적으로 대적하면 당신은 '전체 (Whole)'와 완전한 조화를 이룰 수 없다. 예수의 가르침 대로 예배를 드리기 전에 당신은 주변 모든 사람, 모든 것과 화해해야 한다.

남에게서 바라는 대로 남에게 해 주어라!

이즈음에서 이전 저서*에 경쟁적 마음과 창조적 마음에 관해 기술한 부분을 읽어 보길 권한다. 건강을 잃은 사람이 경쟁적 마음 상태에 놓이면 완전한 회복은 그 가능성이 희박해진다.

창조적인 마음 또는 선의의 마음 자세를 확보했다면

★『부는 어디에서 오는가?-부의 비밀(The Science of Getting Rich)』

다음 단계는 자신이 완벽하게 건강하다는 개념을 형상화하는 것이다. 이 건강의 개념에 완벽한 조화를 이루지 못하는 그 어떤 생각도 품어서는 안 된다. 당신이 건강하다는 생각에 믿음을 가지면 당신은 육체적 몸의 건강한 기능을 회복할 수 있다. 의지력을 발휘해 오로지 건강한 생각만 하겠다고 결심하라.

자신이 아프거나 아플 것 같다는 생각을 결코 해서는 안 된다. 당신 자신을 절대로 아픈 상태에 연결해서 생각하지 말라. 가능하다면 주변 사람들과도 아픈 상태를 연결 지어 생각해서는 안 된다. 가능한 한 당신 주변 환경을 '힘'과 '건강'이란 개념과 연결할 수 있는 것들로 조정해야 한다.

당신이 건강하다는 믿음을 갖고 '건강'이 당신 삶에서 실제로 일어나고 있는 '사실'이라고 받아들여야 한다. '건강'을 궁극의 생명력을 품은 원천 물질이 당신에게 내려 준 축복이라고 선언하라. 그리고 그에 언제나 깊이 감사하라. 믿음으로 그 축복을 받았노라 선언하면 그때부터 당신이 그 축복의 주인이다. 그런 뒤에는 그에 반대되는 생각은 절대로 받아들이지 말라.

혹시라도 당신과 다른 사람에게서 나타나는 어떤 질병이 있다면 거기 관심을 두지 않도록 의지력을 발휘하라. 그 질병에 관해 알아보지도, 그것에 대해 생각하지도, 말하지도 말라. 질병에 관한 생각이 떠오르려 하면 기도하는 자세로, 당신이 완벽한 건강을 받았음에 감사하는 마음 상태로 돌아가라.

'건강'에 필수적인 정신 활동은 다음에 나오는 간단한 한 문장으로 정리할 수 있다.

자신이 완벽하게 건강하다는 '건강의 개념'을 형상화하고 오로지 그 생각만 함으로써 그 개념과 조화를 도모한다.

믿음과 감사, 그리고 목적의식만 갖춘다면 별도로 요구되는 노력은 없다. '의지력 활용'이란 제목의 장에서 다른 지침 외에 또 다른 정신 훈련을 하거나 자기 긍정 선언을 하는 등 무리한 시도를 할 필요는 없다.

병에 걸린 부분에 마음을 집중할 필요도 없다. 오히려 몸의 어떤 부분도 병에 걸리지 않았다고 생각하는 편이 훨씬 낫다. '자기 암시(auto suggestion)' 같은 방법을 통해 자가 치료할 필요도 없고, 다른 사람에게 치료를 청할 필요도 없다. 치유의 힘은 당신 안에 있는 '건강의 원천'에서 나온다. 당신이 할 일은 이 '건강의 원천'이 건설적인 활동을 할 수 있게 힘을 실어 주는 것이다. 원천 물질과 조화를 이루고 당신이 완벽하게 건강하다고 믿는 것이다. 그래서 그 결과가 당신 몸의 모든 기능에 그대로 구현되게 하는 것이다.

이런 식으로 믿음, 감사, 건강이란 정신적 태도를 견지하기 위해서는 밖으로 드러나는 당신의 행동이 그에 부합해야 한다. 겉으로 아픈 사람처럼 행동한다면 건강한 사람이라는 정신적 태도를 견지할 수 없다. 당신이 하는 모든 생각이 '건강'에 관한 생각이어야 하고, 동시에 당신이 하는 모든 행동 역시, 건강한 방식으로 이루어지는 건강한 것이 되어야 한다.

당신이 모든 생각을 건강한 생각으로 채우고 의식적으로 건강한 행동을 한다면 무의식적으로 이루어지는 당신 몸의 모든 내부 기능이 건강한 방향으로 '흐름'을 타게 될 것이다. 왜냐하면, 원천 물질의 모든 생명력의 흐름은 언제나 '건강'을 향해 있기 때문이다.

다음 장에서 '건강'을 위해 당신이 취해야 할 행동에 관해 자세히 살펴보겠다.

언제 먹을 것인가?

몸을 충분히 움직여 진정한 배고픔을 느낄 때, 그때 먹어라

우리 몸에 음식이 필요할 때, 또 음식이 몸에 쓰여야 할 때는 배고픔이 수반된다. 배고픔이 느껴지는 그때가 바로 먹어야 할 때다. 외견상 음식을 먹어야 하는 상태로 보여도 몸이 배고픔을 느끼지 않는다면 음식을 먹어서는 안 된다.

식욕은 대부분 습관의 문제다. 특정 시간에 음식을 먹거나 음료를 마시는 경우, 특히 단것이나 향신료가 많이 들어 있는 자극적인 음식을 먹는 경우는 매일 그 시간만 되면 먹고 싶은 욕구가 일어난다.

하지만 음식에 대한 이런 습관적인 욕구와 배고픔을 혼동해서는 안 된다. 배고픔은 시간을 정해 놓고 생기는 게 아니다. 배고픔은 몸을 움직여 일하고 운동하느라 많은 세포가 파괴되어 그 세포를 만들 자연의 원료가 필요할 때 생긴다.

배고픔을 느낄 만큼 몸을 움직여 진정한 배고픔을 느낄 때 먹고, 그렇지 않은 시간에는 어떤 음식도 먹지 말라.

인간은 정신적 활동만으로 완벽한 건강을 이루고 유지할 수 없다. 무의식적 수준의 활동이나 비자발적 기능에만 의지할 수도 없다. 우리는 생명 에너지를 유지하는 데 보다 즉각적이고 직접적으로 연관되는 자발적인 활동이 필요하다.

바로 먹고, 마시고, 숨쉬고, 잠자는 것이다.

어떤 생각을 하고 어떤 정신적 태도를 견지하든 당신은 먹지 않고, 마시지 않고, 숨쉬지 않고, 잠자지 않고 살아갈 수는 없다. 또, 자연적이지 못한 잘못된 방식으로

부는 어디에서 오는가-건강의 비밀

먹고, 마시고, 숨쉬고, 잠을 자도 건강할 수 없다. 고로, 건강해지기 위해 이런 자발적인 행위를 수행할 올바른 방식을 배우는 일은 대단히 중요하다. 이 장에서 그 방법을 다룰 예정이며 가장 중요한 '먹는' 문제로 시작하고자 한다.

건강을 위해 언제 먹을 것인지, 무엇을 먹을 것인지, 어떻게 먹을 것인지, 얼마나 많이 먹을 것인지에 관한 사안은 실로 뜨거운 논쟁거리다. 그러나 이런 논쟁은 처음부터 필요 없는 것이었다. 먹는 것과 관련된 '올바른 방법(Right Way)*'은 사실, 아주 쉽게 찾을 수 있기 때문이다.

당신은 건강이나 재산, 또 권력, 행복 같은 제반 삶의 목표를 지배하는 올바른 법칙만 고려하면 된다. 그 법칙

---

* 저자는 세 권으로 이루어진 시리즈, 『부는 어디에서 오는가?-부의 비밀(The Science Of Getting Rich)』, 『부는 어디에서 오는가?-건강의 비밀(The Science Of Being Well)』, 『부는 어디에서 오는가?-성공의 비밀(The Science Of Being Great)』에서 부, 건강, 성공을 이룰 수 있는 지침을 '특정 방식(Certain Way)'과 '올바른 방법(Right Way)'으로 명명하고 있다.

은 당신이 지금 어디 있든 당장 실행에 옮길 수 있다. 당신의 모든 행동을 가능한 한 가장 완벽한 방식으로 수행하되 그 모든 행동에 믿음의 힘을 불어넣으면 된다.

소화 및 흡수 과정은 우리 몸속 정신적 영역의 감독과 통제를 받는다. 일반적으로 이를 가리켜 '무의식'이라고 부른다. 이해를 돕고자 앞으로 이 용어를 계속 사용하고자 한다. 인간의 '무의식'은 생명 활동에 필요한 모든 기능과 과정을 관장한다. 그래서 우리 몸에 더 많은 음식이 필요하다고 판단되면 '배고픔'이라는 감각을 유발한다.

우리 몸에 음식이 필요할 때, 또 음식이 몸에 쓰여야 할 때는 배고픔이 수반된다. 배고픔이 느껴지는 그때가 바로 먹어야 할 때다. 외견상 음식을 먹어야 하는 상태로 보여도 몸이 배고픔을 느끼지 않는다면 음식을 먹어서는 안 된다. 배고픔을 느끼지 않는데도 먹는 것은 부자연스럽고도 잘못된 행위다. 몇 끼 굶어 얼굴이 눈에 띄게 여위고 초췌한 상태라도 배고픔을 못 느낀다면 그건 어떤 이유로든 음식을 먹지 않는 편이 낫다는 사실을 몸이 인지한 결과다. 이럴 때 음식을 먹는 것 역시 부자연스럽고 잘못된 행위다.

며칠, 몇 주, 아니 몇 달 동안 음식을 못 먹었는데도 배가 안 고프다는 것은 음식을 먹을 수 없는 상태임을 몸이 스스로 확신한다는 증거다. 이럴 때 음식을 섭취하면 먹은 게 제대로 소화되지도 흡수되지도 않는다. 당신의 몸이 음식을 먹을 필요가 있고 또 그 음식을 몸에 쓰기 위해 소화하고 흡수할 에너지가 있다면 무의식이 배고픔을 통해 당신에게 음식이 필요하다는 사실을 공표한다.

물론, 배고픔을 느끼지 않는 상태에서 먹는 음식도 소화와 흡수가 이루어질 때는 있다. 자연은 원래 그 의지에 반해 주어진 일도 마다하지 않고 수행하고자 특별한 노력을 동원하기 때문이다. 그러나 배가 고프지 않은데도 음식을 습관적으로 먹으면 결국에는 소화 기능이 망가지고 이런저런 문제가 발생하기 마련이다.

앞서 소개한 내용이 진실이라고 전제하면-물론, 논쟁

의 여지없이 진실이다-가장 자연스럽고 건강하게 먹는 방법은 배고플 때 먹는 것이라는 결론이 도출된다. 거듭 강조하지만 배가 안 고픈데도 먹는 행위는 자연스럽지 않을 뿐더러 바람직하지 않다. 이제, '언제 먹는가?' 하는 문제의 과학적 입증이 어렵지 않다는 사실을 깨달았을 것이다. 모쪼록, 배가 고플 때만 먹어야 한다. 배가 고프지 않으면 절대로 먹지 마라. 이것이 바로 자연에 순종하고 또 신에게 순종하는 방법이다.

이때 대단히 중요한 것은 '배고픔'과 '식욕'을 구분하는 일이다. '배고픔'은 당신의 몸을 고치고 재건하기 위해, 그리고 체온 유지를 위해 더 많은 자원이 필요하다는 무의식의 요청이다. 이 요청에는 두 가지 전제 조건이 있다. 첫째는 음식이란 자원이 더 필요하다는 욕구가 있어야 한다. 둘째는 음식이 위장에 들어왔을 때 그걸 소화할 에너지가 있어야 한다. 인간의 몸은 이 두 가지가 충족되지 않으면 결코 배고픔을 느끼지 않는다.

이에 반해 '식욕'은 감각을 만족시키려는 욕망에 지나

지 않는다. 술을 좋아하는 사람은 술에 대한 식욕은 갖고 있지만 술에 대한 배고픔을 느끼는 게 아니다. 이미 배가 부른 사람은 사탕이나 과자를 놓고 배고픔을 느끼지 않는다. 배가 부른데도 그런 것들에 배고픔을 느끼는 이유는 모두 식욕 때문이다.

차나 커피, 향신료가 잔뜩 들어간 음식도 마찬가지다. 솜씨 좋은 요리사가 사람들의 미각을 유혹하기 위해 만들어 낸 음식도 마찬가지다. 그런 것들에 배고픔을 느끼는 근거는 '식욕'이지 '배고픔'이 아니다. 배고픔은 몸에 새로운 세포를 만들 자원이 필요하다고 판단한 자연의 부름이다. 이 목적을 충족시키려는 목적 외에 자연은 그 어떤 경우에도 배고픔을 부르지 않는다.

식욕은 대부분 습관의 문제다. 특정 시간에 음식을 먹거나 음료를 마시는 경우, 특히 단것이나 향신료가 많이 들어 자극적인 음식을 먹는 경우는 매일 그 시간만 되면 먹고 싶은 욕구가 일어난다. 하지만 음식에 대한 이런 습관적인 욕구와 배고픔을 결코 혼동해서는 안 된다. 배고

109

9장 | 언제 먹을 것인가?

픔은 시간을 정해 놓고 생기는 게 아니다. 배고픔은 몸을 움직여 일하고 운동하느라 많은 세포가 파괴되어 그 세포를 만들 자연의 원료가 필요할 때 생긴다.

그 예로 전날 저녁 음식을 충분히 먹은 사람은 자고 다음 날 일어났을 때 배고픔을 느낄 수 없다. 우리가 잠을 자는 동안 우리 몸은 필요한 에너지가 재충전되고, 전날 먹은 음식의 소화와 흡수가 완결된다. 그래서 인간의 몸은 잠을 자고 일어나 곧바로 음식에 대한 욕구를 느끼지 않는다. 물론, 전날 굶은 상태로 수면에 들었다면 예외가 될 수는 있다. 그러나 자연의 법칙에 따라 올바르게 먹는다면 이른 아침에 일어나 진정한 배고픔을 느낄 일이 없다.

전날 밤에 잠을 잘 자고 일어나 곧바로 배고픔을 느낀다면 그건 정상적인 배고픔도, 진정한 배고픔도 아니다. 이른 아침에 하는 식사는 예외 없이 식욕을 충족시키려는 욕구일 뿐이다. 결코 배고픔을 해소하려는 자연의 부름이 아니다. 당신이 어떤 사람이든, 어떤 일을 하든, 몸이 어떤 상태든 상관없이 배를 곯고 잠자리에 들지 않은 이상, 당신은 다음 날 아침에 일어나 배고픔을 느낄 수 없다.

배고픔은 '잠'이 아니라 '일'에 의해 촉발된다. 배고픔은 당신의 정체성이나, 몸의 상태나, 하는 일의 노동 강도와 아무 상관없다. 고로, 소위 '아침 거르기'라고 하는 식사 계획은 아주 이상적이라 할 수 있다. 이는 누구랄 것 없이 모든 사람에게 올바른 계획이라 할 만하다.

자연법칙에 의하면 진정한 배고픔은 배가 고플 정도로 몸을 쓰고 난 뒤에 오는 것이다. '아침 거르기'를 반대하는 사람은 아침 식사를 '즐기는' 유형이다. 이들은 아침을 '최고의 식사'로 여기며 일이 힘들어 오전 내내 빈속으로 있으면 절대로 안 된다고 믿는다. 그러나 이런 주장은 명확한 사실을 만나면 맥을 못 추게 되어 있다.

이들은 술고래가 아침에 위스키 한 모금을 즐기듯 아침 식사를 즐기는 것이다. 왜냐하면 이런 행위는 자연의 부름에 대한 응답이 아닌, 식욕을 충족시키기 위한 습관에 불과하기 때문이다. 이들에게 아침이 최고의 식사가 되는 이유는 술고래에게 아침의 위스키 한 잔이 최고의 음주가 되는 이유와 다를 바 없다. 장담하건대 이들은 아침 식사를 걸러도 아무 탈 없이 살 수 있다. 이 지구상에는 이미 직장에 다니는 수많은 사람이 아침 식사를 하지 않고도 아무 탈 없이 잘살고 있다. 아니, 오히려 훨씬 건강하게 살고 있다. '건강의 과학'이 제시하는 지침대로 살고자 한다면 배고플 정도로 몸을 썼을 때 찾아오는 진정한 배고픔을 느끼기 전에는 절대로 음식을 먹어서는 안 된다.

그런데 아침에 음식을 먹지 않는다면 언제 첫 식사를 하면 좋을까?

이에 관해서는 백 가지 경우 중 아흔아홉은 정오 무렵이 적당한 시간이라고 볼 수 있다. 일반적으로 이때가 가장 편리한 시간에 속한다. 힘든 일을 했다면 푸짐하게 먹어도 좋을 만큼 배가 고파지는 시간이 정오 무렵이기 때문이다. 비교적 강도가 낮은 일을 했어도 정오쯤이면 가벼운 식사로 충분할 정도의 배고픔을 느낄 것이다. 이런 식으로 매일 정오 무렵에 첫 식사를 하는 것을 규칙으로 삼는 게 바람직하다. 물론, 진정한 배고픔을 느낀다는 전제하에 그렇다. 진정한 배고픔이 아니라면 그걸 느낄 때까지 기다려야 한다.

그렇다면 두 번째 식사는 언제 하면 좋을까?

진정한 배고픔을 느끼지 않는다면 두 번째 식사는 하지 않아도 된다. 물론, 진정한 배고픔을 느낀다면 두 번째 식사도 해야 한다. 두 번째 식사는 다시 음식을 먹어야 할 정도로 배고픔이 느껴지면 나름대로 편리한 시간에 먹으면 된다. 하지만 역시, 배고플 정도로 몸을 움직인 뒤 진정한 배고픔을 느낄 때까지 기다렸다 먹어야 한다.

음식 먹는 시간을 어째서 이런 식으로 정해야 하는지 그 이유를 자세히 알고 싶다면 이 책의 서문에서 인용한 관련 명저들을 참고하면 된다. 더불어, 지금까지 이 책에서도 그 질문에 꾸준히 대답해 왔다. '언제, 얼마나 자주 먹어야 하나?'라는 질문에 대한 대답은 이것이다.

배고픔을 느낄 만큼 몸을 움직여 진정한 배고픔을 느낄 때 먹고, 그렇지 않은 시간에는 어떤 음식도 먹지 말라.

10장

무엇을 먹을 것인가?

자연으로부터 주어진 음식을 먹어라

'무엇을 먹을 것인가?' 하는 문제에 대한 답은 실로 간단하다. 그저, 자연이 우리에게 제공해 준 음식을 먹으면 된다.

무엇보다 자연이 해당 지역에 제공해 준 음식을 먹어라. 그리고 풍성한 음식을 내려 준 '건강의 원천'에 감사하며 그 뜻과 조화를 이뤄라. 당신이 사는 지역에서 최상의 음식을 얻을 수 있도록 '건강의 원천'이 당신을 인도해 줄 것임을 굳게 믿어라.

'무엇을 먹을 것인가?' 하는 의문은 영원히 내려놓고 오로지 먹고 싶은 것을 먹으면 된다. 알고 보면, 이게 '건강'만 생각할 수 있는 유일한 길이다.

당신 눈앞에 차려진 음식을 먹고 제일 입맛에 맞는 것을 선택하면 된다. 다시 말해, 먹고 싶은 걸 먹으면 된다.

약학 및 위생학 분야의 과학은 아직 '무엇을 먹어야 하는가?'라는 문제에 제대로 된 답을 제시하지 못하고 있다. 채식주의자와 육식주의자의 대립을 비롯해 화식 옹호자와 생식 옹호자, 또 그 밖의 입장을 내세우는 이들 사이의 논쟁이 여전히 지루하게 이어지고 있기 때문이다. 각 이론 옹호자들이 내세우는 증거와 사례는 산처럼 많다.

그러나 이런 과학자들의 주장에만 의지한다면 우리는 인간에게 가장 자연스러운 음식이 어떤 것인지 알 길이 없어진다. 이 모든 논쟁에서 고개를 돌리고 우리는 '자연'에 물어야 한다. 우리가 답을 구하기만 한다면 자연은 우리를 외면하지 않고 기꺼이 답을 내어 줄 것이다.

'무엇을 먹을 것인가?' 하는 문제에 대한 답은 실로 간단하다. 그저, 자연이 우리에게 제공해 준 음식을 먹으면 된다. 만물을 창조한 유일의 원천 물질은 우리 인간이 살아가는 곳이라면 어디든 인간을 위해 완벽한 먹을거리를 풍성하게 준비해 놓았다. 그리고 무엇을, 어떻게, 언제 먹으면 좋은지 우리 스스로 알 수 있는 정신적·육체적 능력도 내려 주었다.

그러나 그 모든 답을 알지 못하는 인간은 올바르지 못한 길을 가고 있다. 이 대자연은 살아 있는 원천 물질의 가시적 형태로 원천 물질의 에너지를 받아 그 규칙에 따라 움직인다. 자연은 인간의 완벽한 건강을 위해 필요한 음식을 정확하게 공급해 준다.

위대한 지력을 지녔으며 만물 속에 깃들어 있고 만물을 관통하는 원천 물질은 인간이 무엇을 먹으면 되는지, 그 질문에 대한 답을 이미 정해 두었다. 자연은 당신이 사는 지역에 당신이 먹어야 할 음식을 마련해 두었다. 그것들은 당신이 사는 지역의 기후에 가장 잘 맞는 음식이다. 또한, 당신이 가장 신선한 상태로 먹을 수 있는 음식이다. 그래서 살아 있는 원천 물질의 생명력이 가장 충만하게 배어 있는 음식이다. 이런 음식을 얻기 위해 당신이 할 일은 이 음식을 창조한 '생명의 원천'에 가능한 한 가까이 연결되는 것이다. '무엇을 먹을 것인가?' 하는 질문의 답을 얻으려면 자신이 사는 지역에 자연이 어떤 먹을거리를 심고 자라게 했는지 살펴보라.

어떤 음식을 먹으면 좋은지는 나이, 성별, 인종, 건강 상태에 따라 달라질까? 추위에 노출된 정도, 육체 및 정신 활동 강도에 따라서는 어떤가? 이 질문에 대한 답도 위대한 지력을 갖춘 원천 물질이 자연 속에 마련해 두었다. 사는 지역마다 실로 다종다양한 먹을거리가 존재하며 그 모두 나름대로 우리의 배고픔과 입맛을 충족시켜 주기에 부족함이 없다.

우리에게는 '건강의 원천'이 우리 몸에 에너지와 체온

을 공급하고 외부 자극 방어 능력 및 세포 재생과 성장을 독려하는 데 쓸 자연의 음식이 필요하다. 단백질, 탄수화물, 지방, 비타민, 미네랄이 그것이다.

이런 제반 영양소는 육류, 우유, 피, 달걀, 뼈 등에서 얻을 수 있다. 그리고 식물의 뿌리, 가지, 잎, 꽃, 씨를 비롯해 곡물, 견과류, 과일 등에서도 필요한 영양분을 얻는다. 위대한 지력을 갖춘 원천 물질은 이런 먹을거리를 자연과 조화를 이루는 방식으로 얻고 또 준비할 수 있도록 우리를 인도한다. 우리 안에 존재하는 '건강의 원천'이 배고픔과 입맛을 충족시켜 줄 특정 음식으로 우리를 안내한다.

이제, 당신에게 필요한 다채로운 음식이 준비되었다. 그렇다면 먹는 방식을 알아볼 차례다. 답은 간단하다. 자연에 순응하는 방식으로 음식을 얻고, 또 준비해야 한다. 자연의 뜻을 거스르면 잘못된 길로 빠지게 되어 있다.

구체적으로 설명하기 위해 같은 사람을 놓고 자연에 순응하는 방식과 자연을 거스르는 방식을 비교해 보겠다. 대자연 속에는 기후별로 수많은 종족이 살고 있다. 이들은 몇 천 년이란 장구한 시간에 걸쳐 자연의 지혜를 터득해 왔다. 자연의 주기와 계절에 완벽하게 맞춰 자기가 사는 땅에서 음식을 얻고, 준비하고, 먹는 최선의 방식을 배웠다. 이 종족들은 '완벽한 건강'의 빛나는 예를 보여 준다. 그들의 체력, 지구력, 시력, 치아, 수명, 기술, 민첩성, 정신적 성숙도, 도덕성, 전반적인 건강이 그 증거다.

더불어 이들은 건강한 임신, 건강한 육아의 비밀도 익혔다. 그래서 행복하고 건강하면서 반사회적인 행동과 거리가 먼 아이들을 만들었다. 과연, 이 완벽하게 건강한 종족들은 어떤 방식으로 먹는가? 그 비밀은 무엇인가? 그 답 역시 간단하다. 이들은 오로지 자연 속에서 나는 음식만 먹는다. 좋은 영양소가 골고루 담긴 음식을 먹는다. 바로, '최고'의 음식만 먹는 것이다.

이들은 육식과 채식을 모두 한다. 식물과 동물 모두에서 음식을 얻고 자연 상태로 먹는다. 이들은 야생 동물의 뼈, 내장을 고기만큼 중요하게 여긴다. 가축을 키워 신선한 우유(때로는 피를 포함해서)도 얻는다. 우유를 이용해 치즈, 버터 등 다양한 유제품을 만들어 저장해 두고 먹기도 한다. 모두 자연의 싱싱한 풀을 먹고 자란 건강한 동물에게서 나는 것들이다. 게다가 이 동물들은 계절이 바뀔 때마다 그에 맞춰 자연에서 난 최상의 풀을 먹고 자란다.

어떤 종족에게는 동물의 고기 외에 곤충의 성체 및 유체가 중요한 음식 공급원이 된다. 바다에 가까운 지역은 바다 생물이 육식의 근원이 된다. 생선 알에는 몸에 좋은 영양분이 풍부하게 들어 있다. 이런 먹을거리를 확보할 수 없는 겨울을 위해 생선의 살과 알을 말려 저장한다. 말린 생선에는 원래의 영양분이 그대로 혹은 더 많이 들어 있다.

채식은 식물이 잘 자라고 잘 익는 계절이면 언제나 얻을 수 있다. 이들은 채소와 과일을 얻기 힘든 겨울을 위해 영양분을 보존할 수 있는 다양한 저장법도 터득했다.

어떤 종류든 달콤한 음식은 오로지 특별한 경우에만 먹고 정제 설탕은 일절 먹지 않는다. 정제 설탕이 들어가는 음식도 마찬가지다. 식물을 가꾸기 위한 경작지는 천연 재료를 써서 거름을 주고 적당한 시간 동안 휴지기를 둔다.

곡물은 통째로, 혹은 먹기 직전에 갈아 먹는다. 가능한 한 버리는 것 없이 곡물 전체를 먹는다. 여성은 결혼해서 임신하기 전 몇 달 동안 그리고 임신기와 수유 기간에 평소보다 영양분을 더 풍부하게 섭취한다. 출산 간격을 3년 정도 두어 육아 시간을 확보하고 다음 임신을 위해 모체를 충분히 쉬게 한다.

젊은 남자는 아이를 갖기 전에 고영양 음식을 섭취한다. 아이들은 젖을 떼면 성장에 도움이 되는 고영양 음식을 먹는다. 음식 공급이 자연히 줄거나 특정 의례를 치르는 시기에는 적게 먹거나 전혀 먹지 않기도 한다.

이 종족들은 먹을거리를 키우고, 채집하고, 사냥하고 준비할 때 몸이 원하는 바를 적극적으로 따른다. 또한 감사하고 축하하기 위해 다양한 의례를 치른다. 이들은 지구상에서 가장 건강한 사람들의 표본이라 할 만하다.

그런데 이들이 이제껏 살고 먹던 방식을 버리고 자연과 먼 음식을 먹는다고 가정해 보자. 그때부터 종족들 사이에는 질병, 장애, 고통, 반사회적 행동이 개입될 것이다. 어째서 자연적이지 못한 음식은 이런 결과를 초래할까?

정제되고 가공된 음식은 자연의 생명이 제거된다. 추가된 단맛과 향미료가 천연 영양소를 앗아간다. 가공 음식에는 자연의 생명력이 전혀 남아 있지 않다. 건강하지 못한 식물과 동물로 만든 음식도 허다하며 이런 음식에는 허약함과 질병이 각인돼 있다.

완벽한 건강을 위해 필요한 음식은 생명력이 충만한 음식이다. 건강한 사람들이 먹는 방식대로 먹는 음식이다. 현대 도시 거주자들이 이런 생명력 넘치는 음식을 얻는 방법, 건강한 방식을 삶에 채용할 수 있는 방법은 무엇인가?

무엇보다 자연이 해당 지역에 제공해 준 음식을 먹어라. 그리고 풍성한 음식을 내려 준 '건강의 원천'에 감사하며 그 뜻과 조화를 이루라. 당신이 사는 지역에서 최상의 음식을 얻을 수 있도록 '건강의 원천'이 당신을 인도해 줄 것임을 굳게 믿어라.

완벽한 건강을 이루려면 당신에게 주어지는 음식 공급원과 믿음, 감사, 기쁨으로 관계를 맺는 일이 필요하다. 음식을 대할 때는 '더 많은' 삶을 추구하는 태도를 품어야 한다.

당신은 동물을 모으고 키우는 방법을 배우거나 그런 일을 하는 사람을 찾아야 한다. 자연에서 음식을 직접 얻지 못하면 그런 일을 할 수 있는 사람과 긴밀한 관계를 만들어야 한다. 감사하는 마음으로 지혜롭게 자연과 조화를 도모하는 사람들을 알아보는 방법을 익혀야 한다. 자연의 법칙을 따르는 농부나 사냥꾼을 주변에서 쉽게 찾을 수 없다면 다음의 간단한 지침이 도움이 될 것이다.

음식 공급원을 선택할 때 고려할 사항들이다.

1. 음식 공급원은 건강하고, 행복하고, 너그러운 성품을 지녀야 한다.

2. 음식을 만들 때 어떤 종류든 몸에 해로운 성분을 넣지 않아야 한다.

3. 가축을 기르는 경우 동물을 존중하고 그에 감사할 줄 알아야 한다. 기르는 동물의 건강을 위해 최상의 사료를 먹이고 동물들을 비위생적인 환경에 가둬 놓고 기르지 않는다. 자연 속을 자유로이 돌아다닐 수 있게 해 준다. 동물을 가둘 때는 오로지 보호하기 위한 목적에서 그래야 한다.

4. 낚시, 사냥이 필요한 경우라면 그 대상이 호수, 강, 육지, 바다 등 자연 속에서 잡는 생물이어야 한다. 그리고 어떤 종류든, 또 식용이든 아니든 그 생물의 건강한 상태를 보존하는 방식으로 잡아야 한다.

5. 농부의 경우, 음식 공급원인 경작지는 유해 물질로 오염되지 않은 건강하고 생명력 있는 흙을 사용하여야 한다. 흙을 잘 가꾸어 그 경작물이 자연의 영양분을 풍부하게 품을 수 있게 해야 한다. 경작물과 경작지는 해충이 꼬이지 않는 건강한 상태여야 한다. 새나 다른 동물이 벌

레를 안전하게 잡아먹을 수 있는 환경이어야 한다. 경작지에 대는 물은 생명을 위협할 수 있는 화학 성분이 포함되지 않아야 한다.

이런 특징을 지닌 사람이라면 음식을 만들고 공급할 때 자연의 법칙을 적용할 줄 아는 사람이다. 이와 더불어, 당신은 음식을 얻는 또 다른 과정에서 '올바른' 사람을 알아보는 법도 익힐 필요가 있다.

음식을 만들고 공급하는 과정에서 질병, 두려움, 혹은 결핍에 관해 언급하는 사람은 경계하라. 당신이 먹을 음식을 즐거운 마음으로 기르고, 수확하고, 준비하고, 공급하고, 먹는 사람과 가까이하라. 생명력을 품은 질 좋은 음식을 감사와 기쁨으로 다루는 사람을 가까이하라.

그 사람이 당신에게 경작지를 파는 땅 주인이든, 농부든, 푸줏간 주인이든, 트럭 운전사든, 가게 주인이든, 요리사든, 음식점 웨이터든 상관없다. 이는 대단히 중요한 사안이다.

생명력이 개입될 여지없이 무성의하게 만들어지거나 운반되는 음식을 먹어서는 안 된다. 이런 실수를 범하지 않으려면 자연적인 원천에서 직접 음식을 얻거나 혹은 그런 사람들과 직접적이고 조화로운 관계를 맺는 방법도 있다.

도시에 살아서 이런 방식으로 음식을 확보하기 어렵다거나 비용이 많이 든다고 생각되면 이 시리즈의 첫 책인 『부는 어디에서 오는가-부의 비밀』을 읽어 볼 필요가 있다. 그러면 모든 의문에 대한 답을 얻을 수 있을 것이다. 그 책을 통해 부를 얻는 것과 아울러 자신이 원하는 모든 자원을 끌어오는 올바른 방식에 관해 조언을 얻을 수 있을 것이다.

생명 유지에 필요한 일련의 음식이 확보되었다면 이제는 끼니때마다 그중 어떤 것을 먹으면 되는지 알아야 한다. 그와 관련해서는 다음 지침만 알면 된다.

당신의 몸이 원하는 것을 먹어야 한다. 당신의 몸은 '건강의 원천'이 완벽한 건강을 만드는 데 필요한 것을 원하게 되어 있다. 당신의 몸이 원하는 음식은 아주 단순하다. 정말로 배가 고플 때는 음식에 관한 생각만으로도 기분이 좋아진다. 음식물을 씹는 동안 더없이 좋은 맛을 느낀다. 그렇게 음식을 먹고 나면 당신의 몸은 기력이 솟고 충족감을 느낀다. 다음 날 다시 음식을 먹을 때까지 졸음, 짜증, 소화 불량, 통증 등 어떤 종류의 불편함도 느끼지 않는다. 그런 식으로 며칠, 몇 주, 몇 달 동안 계속 기분 좋은 상태가 유지된다.

이런 제반 현상을 통해 당신은 자신이 올바른 음식을 먹고 있다는 사실을 알 수 있다. 이제는 무엇을 먹어야 하고 무엇을 먹어서는 안 되는지 그에 관해서는 더 생각하지 않아도 될 것이다. 당신의 몸은 올바른 음식을 원한다. 당신 몸 안에 있는 '건강의 원천'은 언제 먹으면 되는지를 알려 주듯, 무엇을 먹어야 하는지도 당신에게 정확히 가르쳐 줄 것이다.

진정한 배고픔을 느낄 때까지 음식을 먹지 말라. 그러면 당신의 입맛이 자연적이지 않거나 건강에 좋지 않은 음식을 알아서 찾지 않는다. 당신에게 기쁨과 감사를 가져다줄 음식 공급원과 좋은 관계를 맺는다면 당신 안에는 천연의 건강한 음식을 먹고 싶다는 욕구가 커지게 되어 있다.

혹시라도 '맛'과 '편리함'이라는 유혹에 빠져 궁극의 지혜를 갖춘 원천 물질을 따르지 않는다면 당신은 건강 상태가 나빠지는 대가를 치르게 된다. 자연과 협력하는 법을 배워라. 그러면 몸이 건강에 좋은 음식을 원할 것이고 자연히 당신은 그 음식을 찾게 되어 있다. 이것이 바로 올바르게 먹었을 때 얻어지는 완벽한 결과다. 그에 관한 방법은 다음 장에서 설명할 것이다.

영양학자들의 가장 큰 실수는 인간의 가장 자연스러운 상태에 관해 잘못된 전제에서 출발한다는 것이다. 이들은 문명과 정신적 발전을 자연스럽지 못한 것으로 생각한다.

도시의 현대적인 주택에서 사는 사람, 또 첨단 산업계에서 일하는 사람은 자연스럽지 못한 삶을 산다고 간주

한다. 이들 눈에 유일하게 '자연스러운' 사람은 벌거벗은 미개인들일 것이다. 과학자들은 미개한 상태에서 벗어날수록 자연에서도 멀어진다고 여긴다.

그러나 이런 관점은 잘못된 것이다. 가장 자연스러운 삶을 사는 사람은 예술과 과학으로부터 얻을 수 있는 모든 혜택을 소유한 사람이다. 왜냐하면 이런 사람은 자신이 지닌 모든 능력을 최대치로 쓰며 살기 때문이다. 현대적 편의 시설과 성능 좋은 환기 시설을 갖춘 정비 잘된 도시의 아파트에서 사는 사람이 속 빈 나무나 땅속 구멍에서 사는 오스트레일리아 원주민보다 훨씬 자연스러운 삶을 누린다고 할 수 있다.

우주 만물 속에 스며 있고 우주 만물을 관통하며 궁극의 지력을 갖춘 원천 물질은 우리가 무엇을 먹어야 하는지 그 현실적인 해답을 제시한다. 자연에서 일어나는 모든 일이 그러하듯, 자연은 인간을 위한 음식을 그 사람이 사는 지역에서 제공하기로 정했다. 북극처럼 추운 지방에 사는 사람은 체온 유지를 위해 연료가 되어 줄 음식이 필요하다. 뇌를 계발하는 노력에 집중할 필요 없고, 근육을 과다하게 쓸 일도 없는 에스키모는 고래 같은 바다 생물의 지방에서 주로 음식을 얻는다.

에스키모에게 다른 섭식 방법은 불가능하다. 이들은 과일이나 견과류, 채소를 먹고 싶어도 구할 수 없다. 설사 구한다 해도 과일이나 채소 같은 음식을 먹고 그 혹독한 추위를 견뎌 낼 수 없다. 채식주의자의 주장이 아무리 옳다고 해도 에스키모는 동물성 지방을 먹어야만 살아갈 수 있다.

반면, 열대 지방에 가까워질수록 연료가 되어 줄 음식의 필요성은 줄어든다. 더운 지역에 사는 사람은 자연히 채식을 선호하게 된다. 더운 지방은 절대다수가 쌀과 과일을 먹으며 살아간다. 북극 에스키모가 적도 지방 사람들의 섭식 방법을 따른다면 오래 살지 못할 것이다. 적도 지방에서 '자연스러운' 음식은 북극 지방에서 '자연스러운' 음식과 거리가 멀다. 의학자나 영양학자들의 걱정에 무색하게도 추운 지방이나 더운 지방에 사는 사람들은 아무 탈 없이 잘 산다.

만물의 섭리를 알고 만물 속에 스며들어 끊임없이 '완전한 생명'을 도모하는 궁극의 물질이 그들을 인도하기 때문이다. 그래서 그 나름대로 완벽한 '건강'을 유지할 최상의 방식으로 먹고 또 살아가는 것이다.

자연과 인간 사회 및 인간 행태의 발전을 주관하는 신은 인간이 무엇을 먹어야 하는지 그에 관한 당신의 질문에 이미 답을 주었다. 세상 어떤 '인간'의 말보다 신이 당신에게 준 답을 따르는 게 현명하다.

지구상에서 인간의 영적·정신적·육체적 차원에서 가장 많은 요구가 발동되는 곳이 온대 지역이다. 그래서 자연은 이 지역에 가장 많은 양의 음식을 공급해 준다. 고로, 인간이 무엇을 먹어야 하는지 그 질문에 관한 답을 우리는 굳이 이론화할 필요가 없다. 왜냐하면 선택의 여지가 없기 때문이다. 우리 인간은 그저 자신이 사는 지역의 음식을 먹으면 된다. 이 지구상 모든 인간에게 견과류나 생식을 공급하기란 불가능하다. 그게 불가능하다는 사실은 그런 음식들이 자연이 원하는 바가 아니라는 진리의 방증이다. 자연이 품은 목적은 '생명의 발전'이다. 그런 자연이 인간의 생명 유지를 불가능하게 할 리 있겠는가?

이제 당신은 '무엇을 먹어야 하는가?'란 질문에 답을 얻었을 것이다. 당신은 밀, 호밀, 옥수수, 귀리, 보리, 메밀을 먹으면 된다. 고기, 채소를 먹으면 된다. 바로, 지금 이 지구상의 수많은 사람이 먹는 것 말이다. 이 문제에 관한 한 우리 인간이 몸으로 보여 주는 말은 신이 들려주는 말과 정확히 일치한다.

자연은 우리 인류가 먹는 음식을 '비슷하게' 선호하게끔 인도해 왔다. 인간은 그렇게 선택한 음식을 비슷한 방식으로 요리한다. 고로, 당신은 대다수 사람이 선택한 음식, 그리고 그걸 만드는 방식을 '옳다'고 여기고 의지하면 된다. 인간이 '비슷하게' 먹는 음식의 종류만도 나열하자면 끝이 없지만, 그중 개인 식성을 고려해 나름의 음식을 선택하면 된다. 그러고 나면 음식을 선택하는 문제에 관해 한 치 오차도 없이 정확한 인도를 받고 있다는 사실을 알게 될 것이다. 그 내용은 이후 두 장에서 다루려 한다.

'진정한' 배고픔이 중요하다. 몸을 움직여 에너지를 소비했을 때 오는 진정한 배고픔을 느낄 때까지 음식을 먹지 않으면, 당신의 식성이 자연스럽지 않거나 건강하지 않은 음식을 선호하지 않는다는 사실을 알게 될 것이다. 아침 7시부터 정오까지 줄곧 도끼를 휘두른 나무꾼이 슈크림 빵이나 과자를 청하지는 않을 것이다. 나무꾼은 돼지고기와 콩 요리, 감자를 곁들인 비프스테이크, 혹은 옥수수빵과 양배추를 먹고 싶어 할 가능성이 크다. 그저 평범하고 든든한 음식이면 족하다.

접시에 호두 몇 알과 양상추를 담아 나무꾼에게 건네보라. 그에게서 거친 비난을 면하지 못할 것이다. 육체노동을 한 사람에게 자연스럽지 못한 음식을 주었기 때문이다. 그런데 육체노동을 하는 사람에게 어울리지 않는다면, 그 음식은 다른 사람에게도 어울린다고 볼 수 없다. 몸을 움직여 일한 뒤 느끼는 배고픔은 진짜 배고픔이다. 진정한 배고픔을 충족하기 위한 음식은 나무꾼이든, 은행원이든, 남자든, 여자든, 아이든 가리지 않는다. 모두 같은 종류의 음식이 필요하다.

사람의 직업에 맞춰 음식을 신중하게 선택해야 한다는 생각은 잘못되었다. 즉, 나무꾼은 기름지고 열량 높은 음식을 먹어야 하고, 회계사는 가벼운 음식을 먹어야 한다는 생각은 옳지 않다. 당신이 머리를 많이 쓰는 일을 하더라도 진정한 배고픔을 느끼기 전까지 음식을 먹지 않는다면 나무꾼이 먹는 것과 같은 음식을 원하게 된다. 당신의 몸과 나무꾼의 몸은 똑같은 질료로 만들어졌기 때문이다. 따라서 체내 세포 증식에 필요한 질료도 같다. 그런데 어째서 나무꾼은 햄, 달걀, 옥수수빵을 든든히 먹어도 되고, 당신은 고작 크래커나 토스트 한 쪽으로 만족해야 한단 말인가?

물론, 나무꾼은 근육을 많이 쓰는 데 반해 당신은 뇌와 신경 체계를 더 많이 쓰면서 일할 수 있다. 하지만 놀랍게도 나무꾼이 먹는 음식에도 뇌와 신경 조직 증진을 위해 필요한 영양 성분이 똑같이 들어 있다. 더구나 그런 성분은 당신이 먹는 '가벼운' 음식보다 나무꾼이 먹는 음식에 더 많이 들어 있다. 이 세상에서 가장 두뇌를 많이 쓰는 일도 사실은 육체노동자의 '작업'을 기반으로 세워진 것이다. 그래서 이 세상에서 가장 위대한 사상가들이 먹은 음식 또한 대중이 먹던 음식과 조금도 다르지 않았다.

회계사는 진정한 배고픔을 느낄 때까지 먹지 않고 기다린 뒤 햄, 달걀, 옥수수빵 등이 먹고 싶어지면 먹어야 한다. 꼭 나무꾼이 먹는 양의 20분의 1 정도만 먹어야 하는 건 아니다. 두뇌를 쓰는 사람이 '든든한' 음식을 먹는다고 해서 소화 불량에 걸리지는 않는다. 몸을 쓰는 사람이 먹는 양만큼 먹어도 아무 문제없다. 소화 불량은 진정한 배고픔을 해소하려 먹을 때 걸리는 게 아니라 식욕을 충족시키려 먹을 때 걸리는 법이다.

다음 장에서 제시하는 방식대로 먹는다면 당신의 식성은 자연스러운 쪽으로 바뀌어 문제를 유발할 만한 음식은 자연히 원하지 않게 된다. 그때 당신은 '무엇을 먹을 것인가?' 하는 의문은 영원히 내려놓고 오로지 먹고 싶은 것을 먹으면 된다. 알고 보면 이게 '건강'만 생각할 수 있는 유일한 길이다. 생각해 보라. 지금 당신이 '올바르게' 먹고 있는지를 계속 의심하고 걱정한다면 '건강'에 관한 생각을 제대로 할 수 있겠는가?

내가 너희에게 이르노니 무엇을 먹을까 염려하지 말라*

평범한 중산층 가정, 혹은 육체노동자 가족의 식탁에 올라오는 음식은 당신 몸에 완벽한 영양분을 공급해 줄 수 있다. 당신이 올바른 때, 올바른 방식으로 먹기만 한다면 말이다. 고기를 먹고 싶다면 먹으면 된다. 고기를 먹고 싶지 않다면 먹지 않으면 된다. 뭔가 다른 특별한 음식을 찾아 먹어야 한다고 생각할 필요 없다. 식탁에서 고기가 빠졌더라도 나머지 음식만으로도 당신은 얼마든지

---

* 마태복음 6장 25절(이 책에서는 단어 및 표현이 생략됨).

완벽한 건강을 유지할 수 있다.

각종 음식으로 구성된 다양한 식단이라든가, 필수 영양 성분에 관해 꼭 고민할 필요는 없다. 중국인이나 인도인은 쌀밥 위주로, 크게 다양하지 않은 식단을 고수하지만 건강한 몸과 뛰어난 두뇌를 지녔다. 귀리 빵을 주식으로 먹는 스코틀랜드인들 역시 정신적·육체적으로 건강한 편이며, 감자와 돼지고기를 주로 먹는 아일랜드인들도 건장한 신체와 명석한 두뇌를 자랑한다. 밀에는 신체 조직과 두뇌를 구성하는 데 필요한 거의 모든 영양소가 들어 있다. 사실, 인간은 강낭콩 한 종류만 먹고도 꽤 건강하게 살 수 있다.

자신을 완벽하게 건강하다고 생각하고 그 개념을 형상화하라. 그리고 건강에 대한 생각이 아닌 그 어떤 것도 생각하지 말라. 진정한 배고픔을 느낄 때까지 아무것도 먹지 말라. 잠깐 배가 고프다고 해서 몸에 해가 되는 게 아니다. 오히려 배가 안 고픈데도 음식을 먹는 쪽이 해롭다.

무엇을 먹어야 할지, 혹은 무엇을 먹지 말아야 할지 그에 관해서도 고민할 필요가 없다. 당신 눈앞에 차려진 음식을 먹고 제일 입맛에 맞는 것을 선택하면 된다. 다시 말해, 먹고 싶은 걸 먹으면 된다. 더불어 올바른 방식으로만 먹는다면 당신은 완벽한 결과를 얻을 수 있다. 그 실천 방법에 관해서는 다음 장에서 설명하겠다.

11장

어떻게 먹을 것인가?

'한입에 60번 씹기' 습관으로 건강한 식사를 하라

인간은 음식을 먹을 때 자연히 씹어 먹게 되어 있다. 그게 불변의 진리다.

음식을 먹을 때는 마음이 평온한 상태이어야 한다. 먹기 전에는 식탁 위에 놓인 음식에 감사해야 하며, 한입 한입 먹을 때마다 느끼는 그 즐거움에 온전히 집중해야 한다.

먹을 때는 눈앞의 음식에서 얻을 수 있는 모든 즐거움을 얻겠다는 목표에만 집중하고 그 외의 것은 모두 마음에서 몰아내야 한다.

'플레처 습관(Fletcher habit), 한입에 60번 이상 씹기'로 건강한 식사의 즐거움을 맛보게 될 것이다.

건강을 얻는 과정은 '부(富)'를 얻는 과정과 그 법칙이 다르지 않다. 당신이 하는 모든 행동을 성공적인 방식으로 수행하면 그 행동의 총합은 당연히 '성공'일 수밖에 없다.

인간은 음식을 먹을 때 자연히 씹어 먹게 되어 있다. 그게 불변의 진리다. 개나 또 다른 동물처럼 우리 인간도 음식을 대충 삼켜서 먹어야 한다는 몇몇 이론가들의 주장에는 귀 기울일 필요 없다. 인간이 음식을 씹어서 먹어야 한다는 사실은 누구보다 인간인 우리 자신이 잘 알고 있기 때문이다.

인간이 음식을 씹어서 먹는 게 자연스럽다면 음식을 더 철저하게 씹을수록 소화 과정이 그만큼 더 자연스러워진다고 볼 수 있다. 입안의 음식이 액체 상태가 될 때까지 잘 씹어서 먹는 사람은 무엇을 먹어야 하는지 고민할 필요가 없다. 그런 사람은 아무리 평범한 음식을 먹더라도 충분한 영양분을 섭취할 수 있기 때문이다.

음식을 씹는 과정이 지겹고 고된 일이 될지 아니면 더 없이 즐거운 일이 될지는 식탁 앞에 앉는 사람의 마음 자세에 달려 있다. 마음이나 신경이 다른 일에 쏠려 있다거나 회사나 집안일로 근심이 있는 사람은 음식을 제대로 씹지 않고 삼킬 가능성이 크다.

집안일이나 회사 일에 관해 걱정하지 않으려면 과학적으로 사는 법을 배워야 한다. 이는 누구든 할 수 있는 일이다. 음식을 먹는 즐거움을 방해할 요인들에 휘말리지 않으려면 주변 정리를 해야 할 필요가 있다. 그래야 식탁 앞에 앉아 있는 동안만이라도 오로지 먹는 행위에 온 신경을 집중할 수 있다.

특히, 강조할 점은 음식을 먹을 때는 마음이 평온한 상태여야 한다는 것이다. 먹기 전에는 식탁 위에 놓인 음식에 감사하며 한입 한입 먹을 때마다 느끼는 그 즐거움에 온전히 집중해야 한다. 식사를 마친 뒤에는 살아 있는 원천 물질이 내려 준 음식의 생명력에 온 마음으로 감사하라. 이런 일련의 정신 활동은 눈앞의 음식으로부터 생명력을 끌어내고 '건강의 원천'이 완벽하게 '건설적인 활동'을 할 수 있게 조력한다.

먹을 때는 눈앞의 음식에서 얻을 수 있는 모든 즐거움을 얻겠다는 목표에만 집중하고 그 외의 것은 모두 마음에서 몰아내야 한다. 그리고 식사가 끝날 때까지는 음식이 아닌 어떤 것에도 관심을 내주어서는 안 된다. 즐거운 마음으로 이 지침을 따른다면 지금 당신이 먹는 그 음식이 당신에게 '올바른' 음식이며, 당신이 완전한 건강을 이루는 데 완벽하게 부합되는 음식임을 깨닫게 될 것이다.

느긋한 마음으로 식탁에 앉아 적당한 양의 음식을 즐겨라. 가장 입맛이 당기는 음식을 먹어라. 몸에 좋을 것 같다는 이유로 음식을 골라 먹어서는 안 된다. 그저, 당신 입에 맞는 맛있는 음식을 먹으면 된다. 건강해지고, 또 건강을 유지하고 싶다면 건강에 좋으니까 무엇인가를 해야 한다는 생각을 버려야 한다. 당신은 그저 당신이 하고 싶은 대로 하면 된다. 당신이 가장 먹고 싶은 음식을 먹으라. 완벽한 소화가 가능한 방법으로 음식을 먹을 수 있게 해 준 신께 감사하라. 적당한 양을 먹어라.

당신의 관심을 씹는 행위에 두지 말고 음식의 맛에 집중하라. 그리고 삼키기 좋은 상태가 될 때까지 그 맛을 느끼고 즐긴 뒤 비자발적 기능인 삼키기를 통해 음식물을 식도로 내려보내라. 그 과정이 얼마나 길어지든 걱정하지 말라. 오직 그 맛에만 집중하라. 다음에 먹을 것을 고민하면서 식탁 위를 두리번거리지 말라. 음식이 모자라지는 않는지, 또 당신 몫이 적지는 않은지 불안해하지도 말라. 다음에 먹을 음식이 어떤 맛일지 미리 생각하지도 말고 지금 당신 입안에 있는 음식이 어떤 맛이 나는지, 그것에만 집중하라. 그게 중요한 전부다.

과학적으로 또 건강하게 먹는 행위는 일단 그 실천 방법을 터득하면, 그리고 음식을 제대로 안 씹고 삼키던 습관을 버리면 충분히 즐거운 일이 될 수 있다. 식사하는 동안에는 너무 많은 대화를 나누는 것도 좋지 않다. 즐거운 마음으로 먹되, 말을 많이 하지 말고 대화는 식사 뒤로 미루라.

그런데 많은 경우, 올바른 식사 습관을 만들기 위해서는 의지력이 필요하다. 씹지 않고 삼키는 자연스럽지 못한 습관은 대개 두려움의 결과다. 그러는 사이에 음식이 다 없어질까, 맛난 음식을 양껏 먹지 못할까 두려워해서다. 음식을 급히 먹는 것은 이 두려움 때문이다. 거기다 맛난 디저트 생각이 나면서 디저트를 가능한 한 빨리 먹고 싶다는 열망에 마음이 급해진다. 식사하는 도중에 끊임없이 다른 생각이 떠오르거나 한눈을 팔기도 한다. 당신은 이 모든 식사 습관을 고쳐야 한다.

계속 마음이 분주히 움직이면 생각을 멈추라. 지금, 당신이 음식을 먹는 그 순간에, 그 맛에만 집중하라. 당신이 음식을 먹는 행위로 가동될 완벽한 소화, 흡수 작용에 집중하라. 음식을 충분히 잘 씹어서 삼키라. 그리고 이 모든 과정을 다시 시작하라. 식사 한 번에 이 과정을 스무 번

정도 반복해야 한다. 시작하고 또 시작하라. 몇 주, 몇 달이든 식사 때마다 이 과정을 반복하라. 그러다 보면 당신은 '플레처 습관(Fletcher habit)*'을 터득할 수 있다. 그래서 이전에 알지 못했던 '건강한' 식사의 즐거움을 맛보게 될 것이다.

이는 먹는 것과 관련해 무엇보다 중요한 지침이다. 그러니 이 지침이 당신 머릿속에 뚜렷이 각인될 때까지 몇 번이라도 반복해서 언급할 생각이다. 올바른 식사를 위해 모든 걸 완벽하게 준비한다면 '건강의 원천'이 당신을 위해 완벽하게 건강한 몸을 만들어 줄 것이다. 당신 자신에게 완벽하게 음식을 공급할 방법은 여기에 기술된 내용 외에는 없다.

★ 미국의 영양학자인 호테이스 플레처(Horace Fletcher)에 의해 주창된 식사법. 100kg이 넘는 거구에 온갖 질병을 안고 살다가 "잘 씹어 먹으면 병이 낫는다"는 조언을 접한 뒤, 한입에 60번 이상 씹어 먹기 시작했고 그 결과 조금만 먹어도 포만감을 느낄 수 있게 되었다. 육류를 비롯한 기름진 음식도 당기지 않게 되어 체중이 줄고 건강해지면서 음식을 잘 씹어 먹어서 병을 치료하는 '플레처 습관'을 개발했다.

완벽하게 건강해지고 싶다면 오로지 이 방법으로 먹어야 한다. 그저 약간의 인내심을 발휘하는 정도면 된다. 음식을 제대로 씹지 않고 삼키는 것 정도를 고치지 못하는 정신력이 무슨 쓸모 있겠는가? 고작 15분, 20분 정도 시간 동안 먹는 일에 몰두하지 못한다면 그런 집중력이 또 무슨 소용이 있겠는가? 게다가 '맛난' 음식을 먹는다는 즐거움까지 가세하지 않는가 말이다.

이 지침을 당장 시작해서 그릇된 습관을 이겨 내라. 그렇게 몇 주 혹은 몇 달이 지나는 동안 당신은 몸에 과학적으로 먹는 습관이 배었다는 사실을 깨닫게 될 것이다. 그렇게 되면 정신적으로, 또 육체적으로 상태가 호전되어 이전의 나쁜 습관으로 돌아가고 싶은 생각이 들지 않을 것이다. 완벽한 건강만을 생각하면 그 몸의 내부 기능도 건강하게 움직인다는 사실을 우리는 익히 알고 있다. 더불어, 건강한 생각만 하려면 자발적인 기능 역시 건강한 방식으로 써야 한다는 것도 알고 있다. 자발적인 기능 중에서도 가장 중요한 것이 바로 '먹기'다. 지금까지의 내용으로도 알 수 있듯, 완벽한 방식으로 건강하게 먹는 일은 결코 어렵지 않다.

이제부터는 언제 먹고, 무엇을 먹고, 어떻게 먹어야 하는지, 그에 관한 지침을 이유를 들어 정리해 보겠다.

아무리 오랜 시간 먹지 않았더라도 진정한 배고픔을 느끼기 전에는 결코 음식을 먹어서는 안 된다. 우리 몸에 음식이 필요하고 그 음식을 소화할 에너지가 있으면 몸이 알아서 '배고픔'이란 감각이 필요하다는 신호를 보낸다. 자연스럽지 못한 욕구로 인해 '닥치는 대로' 먹고 싶어 하는 식욕과 진정한 배고픔을 구별하는 법을 배워라.

'배고픔'은 기운이 떨어지거나 어지럽거나 위장이 뒤틀리는 식의 기분 나쁜 느낌이 아니다. 배고픔은 단순히 음식을 원하는 즐겁고 설레는 느낌으로 대개 입과 목에서 느껴진다. 특정 시간에만 또 정확한 시간 간격을 두고 일어나는 것도 아니다. '배고픔'은 오로지 우리의 무의식이 음식을 받아들이고 소화하고 흡수할 준비가 되었을 때만 찾아온다.

무엇이든 원하는 음식을 먹어라. 다만, 당신이 현재 사는 지역에서 구할 수 있는 음식을 선택하는 것이 좋다. 어떤 음식을 먹으면 좋을지 선택해야 할 때, 궁극의 지력을 갖춘 원천 물질이 당신을 인도해 줄 것이다.

물론, 여기서 말하는 음식은 단순히 식욕 충족을 위해 가공하고 가미한 것이 아니라 진정한 배고픔을 해소해 줄 음식을 말한다. 이미 우리 인간은 배고픔을 해소하기 위해 건강에 좋은 '기본적인' 음식을 선택해 먹고 있다. 이런 인간의 본능은 신이 준 신성한 선물이다. 신은 실수하지 않는다. 이런 음식을 먹고 있다면 당신의 건강은 잘못될 리가 없다.

음식을 먹을 때는 당당하게, 또 즐거운 마음으로 임하라. 입안에 음식을 넣고 씹을 때마다 그 음식이 주는 모든 맛을 즐겨라. 충분히 씹어서 음식 입자를 액체 상태로 만드는 동안 그 과정을 즐기며 온전히 몰두하라. 이것이 바로 완벽하게, 온전하게 음식을 먹는 유일한 방법이다. 이런 방식을 성공적으로 수행한다면 결코 결과가 잘못될

리 없다.

건강을 얻는 과정은 '부(富)'를 얻는 과정과 그 법칙이 다르지 않다. 당신이 하는 모든 행동을 성공적인 방식으로 수행하면 그 행동의 총합은 당연히 '성공'일 수밖에 없다. 앞에서 설명한 마음가짐과 행동 방식으로 음식을 먹는다면 아무것도 덧붙일 게 없다. 그것으로 완벽하고도 성공적으로 해낸 것이다. 먹는 행위가 성공적으로 이루어지면 소화, 흡수, 건강한 몸을 만드는 과정 또한 성공적으로 시작된다.

이제는 어느 정도의 음식을 먹으면 되는지 그에 관한 주제로 넘어가 보자.

| 12장 |

배고픔과 식욕

진정한 배고픔을 느끼기 전에는 아무것도 먹지 말라

배고픔이 누그러지기 시작하는 그 순간, 먹는 것을 멈추는 게
좋다.

디저트가 아무리 맛있어 보이고 파이나 푸딩이 유혹해도 이
미 먹은 다른 음식으로 최소한의 배고픔이 해소되었다면 그
런 음식은 단 한 입도 더 먹어서는 안 된다.

완벽하고도 확실하게 과학적인 방법을 원한다면 오로지 물만
마시되, 목이 마를 때만 마셔라. 그리고 갈증이 해소되는 순
간 그만 마시면 된다.

'얼마나 먹어야 하는가?' 하는 질문에 대한 올바른 답을 찾기는 매우 쉽다. 진정한 배고픔을 느끼기 전에는 아무것도 먹지 말고 배고픔이 잦아드는 느낌이 들면 그 즉시 먹는 일을 멈춰야 한다. 절대 과식해서는 안 된다. 절대 배불리 먹어서는 안 된다. 배고픔이 해소되었다는 느낌이 들기 시작하면 충분히 먹었다고 여기라. 충분히 먹기 전까지는 배고픔이 계속 느껴질 것이다.

앞 장에서 제시한 방식대로 먹는다면 평소 먹던 양의 절반 정도만 먹어도 배고픔이 충족된다. 그러니 그때 멈추어라. 디저트가 아무리 맛있어 보이고 파이나 푸딩이 유혹해도 이미 먹은 다른 음식으로 최소한의 배고픔이 해소되었다면 그런 음식은 단 한 입도 더 먹어서는 안 된다. 배고픔이 해소된 뒤 먹는 음식은 무엇이든 간에 입맛과 식욕을 만족시키기 위한 것이다. 그건 배고픔도 아니고, 자연이 원하는 바도 아니다. 배고픔이 해소된 뒤에 음식을 먹으면 과식하기 마련이며 건강에 이로울 리가 없다.

이는 정확한 판단력을 갖고 주시할 필요가 있는 중요한 사안이다. 감각적 만족만을 위해 먹는 습관이 우리 인간에게 깊이 뿌리박혀 있기 때문이다. 입맛을 유혹하는 달콤한 디저트의 유일한 목적은 배고픔이 해소된 뒤에도 음식을 먹게끔 우리를 유혹하는 것이다. 고로, 그런 음식을 먹은 결과는 말 그대로, '사악할(evil)' 수밖에 없다. 왜냐하면 이런 건강하지 못한 음식들은 대개 식욕을 강화하는 역효과를 내기 때문이다.

식사 전에 먹는 술 한 잔도 마찬가지다. 모두가 당신

이 원하는 것보다 훨씬 많은 양을 먹게 당신을 유혹할 뿐이다. 진정한 배고픔을 해소하길 원하는 당신의 집중력을 흩어 놓을 뿐이다. 앞 장에서 설명한 방법대로 먹기 시작하면 평범하고 담백한 음식이 왕의 식사가 부럽지 않을 만큼 맛있다는 사실을 알게 될 것이다. 왜냐하면 건강 상태가 전반적으로 호전되면 몸의 다른 감각들처럼 맛에 대한 감각도 예민해지기 때문이다. 그래서 평범한 음식에서도 전에 없이 새로운 맛의 즐거움을 느끼게 된다.

과식하는 사람은 오로지 배고픔을 해소하기 위해 먹는 사람만큼 식사를 즐길 수 없다. 배고픔을 해소하기 위해 먹는 사람은 한입, 한입 먹을 때마다 최상의 맛을 느끼고, 배고픔이 누그러지면 바로 그 순간 먹기를 멈춘다. 배고픔이 누그러진다는 것 자체가 이제 그만 먹을 때가 되었다고 무의식이 보내는 첫 번째 신호이기 때문이다.

이런 지침을 따른 사람들은 우리 몸을 완벽한 상태로 유지하는 데 얼마나 적은 양의 음식이 필요한지 깨닫고 깜짝 놀란다. 개인이 먹어야 하는 음식의 양은 그 사람이 하는 일에 따라, 근육 운동을 한 정도에 따라, 추위에 노출된 시간의 길이에 따라 달라진다.

한겨울에 숲속에서 온종일 도끼를 휘두른 나무꾼이라면 두 끼 분량의 음식을 한 번에 먹을 수도 있을 것이다. 반면, 종일 따뜻한 사무실에 앉아 머리를 쓰는 정신노동자는 나무꾼이 먹는 음식의 3분의 1이나 10분의 1 정도로 충분할 것이다.

그런데 현실은 어떠한가? 나무꾼은 자연적으로 요구되는 양보다 두세 배 정도 더 먹고, 정신노동자는 무려 세 배에서 열 배까지 많이 먹는다. 이런 식으로, 과식으로 엄청나게 초과하는 양의 음식을 우리 몸에서 없애느라 체내 에너지가 고갈되어 결국 질병에 걸리기 쉬운 상태가 되는 것이다.

당신이 먹는 음식에서 가능한 한 최상의 맛을 즐기되, 어떤 음식이든 그 맛이 너무 좋다는 이유만으로 먹어서는 안 된다. 더는 배고픔이 심하게 느껴지지 않는다면 그 순간 먹기를 그만두는 편이 좋다.

이 문제에 관해 잠깐이라도 생각해 본다면, 음식에 관련된 다양한 문제를 풀어 나가는 데 이 책에서 제시하는 지침을 따르는 것 외에 더 바람직한 방법이 없다는 사실을 알게 될 것이다. '언제 음식을 먹어야 하는가?'에 관한 문제만 하더라도 진정한 배고픔이 느껴질 때마다 먹어야 한다는 것 외에 다른 답은 없다. 바로 그때가 음식을 먹기에 가장 적당한 시간이며 그 외 시간은 모두 잘못된 시간이다. 이는 반론의 여지가 있을 수 없는 자명한 일이다.

또한, 불멸의 지혜를 갖춘 원천 물질은 '무엇을 먹을 것인가?'에 관한 문제는 우리가 저마다 사는 지역에서 만들어지는 것을 먹으면 된다고 결론 내렸다. 당신이 사는 바로 그 지역의 음식이 당신에게 올바른 음식이다. 대중의 마음속에 깃들어 있고, 또 그 마음을 관통하는 불멸의 지혜로서 '원천 물질'은 그 음식을 준비하는 최상의 방법도 가르쳐 준다.

음식을 먹는 방법에 관해서는 마음을 편안히 한 상태에서 음식을 잘 씹어서 먹어야 하는 게 진리임을 이미 우리는 잘 알고 있다. 이왕 음식을 씹어 먹어야 한다면 더 철저하고 완벽하게 씹는 편이 효과가 좋다. 거듭 말하지만, 어떤 일이든 전체적으로 성공하려면 그 일을 구성하는 작은 부분을 성공적으로 수행해야 한다. 아무리 사소하고 중요하지 않은 부분이라도 철저하게, 또 완벽하게 처리한다면 매일 하는 일을 전체로 보았을 때 실패하지 않게 된다. 매일 하는 행동을 성공적으로 수행하면 당신의 삶은 전체적인 그림으로 보았을 때 실패할 수 없다. 큰 성공이란 작은 성공들이 합쳐 이루어진 행동의 결과다.

당신이 하는 모든 생각이 건강하다면, 또 삶의 모든 행동이 건강한 방식으로 이루어진다면 당신은 머지않아 완벽한 건강을 얻을 수 있다. 한입, 한입 먹을 때마다 넘기기 좋게 꼭꼭 씹어서 그 맛을 온전히 즐기라. 그러는 동안 즐거운 마음과 확신을 견지하라. 음식을 먹는 방법으로 이보다 더 성공적인 건 없다. 이보다 더 생명의 법칙에 부합하는 방식도 없다. 더 성공적으로 해 볼 심산으로 여기서 무엇인가 더할 것도 없다. 혹시 무엇인가를 뺀다면 이 과정은 완벽한 건강함에서 멀어질 것이다.

'얼마나 많이 먹을 것인가?' 하는 문제에 관해서도 앞에서 설명한 것보다 더 자연스럽고, 더 안전하고, 더 확실한 방법은 없다. 배고픔이 누그러지기 시작하는 그 순간, 먹는 것을 멈추는 게 좋다. 음식이 필요할 때 무의식이 우리 몸에 보내오는 신호는 의심의 여지없이 전적으로 신뢰할 만한 것이다. 또, 그 필요가 충족되었음을 알려 주는 신호도 마찬가지다. 식욕을 만족시키기 위해서가 아니라 오로지 배고픔을 해소하기 위해 음식을 먹는다면 과식할 일이 결코 없다. 또, 진정한 배고픔이 느껴질 때만 음식을 먹는다면 당신은 음식을 먹을 때마다 양껏 먹어도 된다.

다음 장에서 정리한 내용을 주의 깊게 읽어 보면 완벽하게 건강한 방식으로 먹는 일에 달리 요구되는 사항이 거의 없으며 그 실천 또한 매우 쉽고 간단하다는 사실을 알게 될 것이다.

자연스럽게 마시는 방법에 관해서는 몇 마디로 짧게 정리하려 한다. 완벽하고도 확실하게 과학적인 방법을 원한다면 오로지 물만 마시되, 목이 마를 때만 마셔라. 그리고 갈증이 해소되는 순간 그만 마시면 된다. 현재, 올바른 방식으로 음식을 먹고 있다면 마시는 문제와 연관해 특별히 삼갈 일은 없다. 때로 연한 커피를 마신다고 해서 크게 해가 되지는 않을 것이다. 적정한 수준으로 다른 사람이 하는 방법을 그대로 따르면 된다.

청량음료를 습관적으로 마시면 안 된다. 그저 미각을 즐겁게 할 목적으로 달콤한 음료를 찾아서는 안 된다. 오로지 갈증이 느껴질 때만 물을 마셔야 한다. 한편, 갈증이 느껴지는데도 너무 게을러서, 너무 무관심해서, 너무 바빠서 물 한 잔 마실 여유도 없게 살아서도 안 된다.

이 지침을 따른다면 자연의 것이 아닌 음료를 마시고 싶은 생각일랑 일절 들지 않을 것이다. 오로지 갈증 해소를 위해서만 마시고, 목이 마르면 그 즉시 물을 마시고, 갈증이 해소되면 마시는 걸 바로 멈추어라. 인체 기능 활

159

동에 필요한 수분을 몸에 공급하는 방법으로 이보다 더
완벽하게 건강한 방법은 없다.

13장

요약

완벽한 건강에 대해 형상화하고
즐겁고 진지한 태도로 천천히 먹어라

생명의 원천인 이 물질은 '생각'한다. 그리고 자신이 생각한 것을 형상화한다. 어떤 것에 관해 생각하면 이 물질 안에서 그 생각이 형태로 만들어진다.

건강을 확보하려면 '완벽한 건강'에 대한 개념의 형태를 만들어 형상화하고 자신, 그리고 주변 모든 것이 그 개념에 조화를 이루도록 생각해야 한다.

배고픔과 입을 즐겁게 하려는 식욕을, 그리고 배고픔과 습관적 식욕을 구분해야 한다.

음식을 놓고 그 어떤 비난도 지적도 하지 말라. 오로지 즐겁게, 진지한 태도로 먹어라. 신께 감사하는 마음으로 먹어라. 그리고 인내심을 발휘해 천천히 먹어라.

무엇보다도 자신을 통제하고 다스릴 수 있어야 한다.

이 우주에는 이 우주 전체에 스미고 배어 결결이, 층층이 공간을 채우며 만물 안에 존재하고 만물을 관통하는 '우주적 생명(Cosmic Life)'이란 물질이 존재한다. 이 물질은 단순한 진동이나 에너지 형태가 아니라 우주 모든 생명의 원천이다. 이 우주의 만물은 모두 이 물질에서 나왔다. 이 물질은 모든 것이요, 모든 것 안에 존재한다.

생명의 원천인 이 물질은 '생각'한다. 그리고 자신이 생각한 것을 형상화한다. 어떤 것에 관해 생각하면 이 물질 안에서 그 생각이 형태로 만들어진다. 움직임을 생각하면 움직임이 만들어진다. 우주 만물이 형태와 움직임을 갖추어 가시적 우주가 될 수 있었던 이유는 우주가 바로 이 '원천 물질(Original Substance)'의 생각 속에 품어져 있었기 때문이다.

우리 인간도 원천 물질의 한 형태다. 그러므로 인간은 근원적인 생각을 할 수 있다. 인간이 품은 생각은 무엇인가를 통제하고 그 형태를 만들어 내는 힘을 지녔다. 그래서 인간이 어떤 상황을 생각하면 그 상황이 만들어지고, 어떤 움직임을 생각하면 그 움직임이 만들어진다. 고로, 우리가 질병에 관한 상태와 움직임을 생각하면 우리 안에는 그 질병의 증상과 움직임이 형태로 만들어진다. 반대로, 완벽한 건강에 관해서만 생각하면 우리 안에 존재하는 '건강의 원천'이 정상 가동된다.

건강을 확보하려면 '완벽한 건강'에 대한 개념의 형태를 만들어 형상화하고 자신, 그리고 주변 모든 것이 그 개념에 조화를 이루도록 생각해야 한다. 오로지 건강한 상태, 건강한 기능만 생각해야 한다. 한순간이라도 건강하지 않거나 비정상적인 상태나 기능에 관한 생각이 파고 들게 허용해서는 안 된다.

건강한 상태와 기능만 생각하기 위해서는 모든 자발적 생명 활동을 건강한 방식으로 수행해야 한다. 건강하지 못한 방식으로 산다면, 또 자기가 건강치 못한 방식으로 살고 있지나 않은지 의심하면서 산다면 완벽한 건강에 관해 생각할 수 없다.

인체의 자발적 기능을 아픈 사람이 하는 방식으로 수행하면서 완벽한 건강에 대해 생각할 수는 없다. 여기서 '자발적인 기능'이라 함은 먹고, 마시고, 숨쉬고, 잠자는 생명 활동을 말한다. 건강한 상태와 기능에 관해서만 생각하고 그와 관련된 모든 활동을 완벽하게 건강한 방식으로 수행한다면 누구든 완벽한 건강을 확보할 수 있다.

음식을 먹을 때는 '배고픔'에 올바르게 반응하는 방법을 배워야 한다. 배고픔과 입을 즐겁게 하려는 식욕을, 그리고 배고픔과 습관적 식욕을 구분해야 한다. 진정한 배고픔을 느끼기 전에는 아무것도 먹어서는 안 된다. 전날 밤 충분하게 잠자고 일어났다면 그다음 날 아침에는 배고플 수 없다는 사실을 알아야 한다. 이른 아침에 느끼는 배고픔은 순전히 습관이요, 입을 즐겁게 하려는 식욕일 뿐이다. 절대로 자연의 법칙을 어기면서 하루를 시작해서는 안 된다. 모쪼록 진정한 배고픔을 느낄 때까지 기다려야만 한다. 그래서 일반적으로 첫 식사는 정오 무렵에 하는 게 좋다.

몸 상태, 직업, 상황 등을 불문하고 진정한 배고픔을 느끼기 전까지는 먹지 않는 것을 규칙으로 삼아야 한다. 그렇게 하다 보면 배고픔을 느끼기 전에 먹기보다는 차라리 배고픔을 느끼고 몇 시간 뒤에 먹는 편이 훨씬 낫다는 사실을 알게 될 것이다. 아무리 힘든 일을 했든, 몇 시간 배고픈 상태로 있다고 해서 몸에 해로운 건 아니다. 일하거나 일하지 않거나 그 여부와 관계없이 배가 고프지 않은데도 배를 채우는 것은 몸에 해롭다. 진정한 배고픔을 느끼기 전에 먹지 않기를 습관으로 삼으면 먹는 '때'에 관한 문제만큼은 당신이 완벽하게 건강한 방식을 따르고 있다는 확신이 들 것이다. 이는 명백한 진리다.

'무엇을 먹을 것인가?'의 문제는 지력을 갖춘 원천 물질이 하는 대로 따르면 된다. 신은 당신이 이 지구상 어디에서 살든, 당신이 사는 그곳에 당신을 위한 가장 올바른 음식을 마련해 두었다. 그러니 신에 대한 믿음을 갖고 어떤 종류든 음식에 관한 세간의 과학은 지나치길 바란다.

생식이냐 조리한 음식이냐, 채소냐 고기냐, 탄수화물이냐 단백질이냐 하는 문제를 둘러싸고 빚어지는 논쟁에 일말의 관심은 기울일 필요도 없다. 진정한 배고픔을 느낄 때만 먹고, 당신이 현재 사는 지역의 대다수 사람이 먹는 '보편적인' 음식을 먹어라. 그리고 그런 음식을 먹은 결과가 좋을 것이라고 믿어라. 그러면 좋은 결과가 얻어진다.

호사스러운 음식이나 수입된 음식, 또 입맛을 유혹할 목적으로 만들어진 음식은 먹지 말라. 평범한 음식을 먹어라. 혹시라도 평범한 음식이 '맛없다' 느껴지면 먹지 않고 굶어 보라. 그렇게 하고 나면 같은 음식도 틀림없이 맛있게 느껴질 것이다. 당신은 가벼운 음식이나 소화가 잘되는 음식, 건강에 좋다는 음식을 찾아다닐 필요 없다. 그저 농부와 노동자들이 먹는 음식을 먹으면 된다. 그러면 적어도 '무엇을 먹을 것인가?'를 놓고 당신 몸의 기능이 완벽하게 건강한 방식으로 움직일 것이다.

거듭 말하지만, 평범한 음식을 먹고 싶다는 생각이 들 때까지는 아무것도 먹지 말라. 진정한 배고픔이 올 때까지 기다려라. 아주 평범한 음식이 맛있다고 느껴질 때까지 먹지 말고 기다려라. 그런 뒤 당신이 가장 좋아하는 음식으로 먹기 시작하라.

먹는 방법을 정할 때는 이성의 힘에 의존해야 한다. 사업이나 이런저런 문제에 생각을 뺏긴 상태로 음식을 먹으면 비정상적으로 서두르게 돼 그만큼 빨리 먹고 덜 씹는 습관이 생긴다.

화가 났거나 산만한 분위기에서 음식을 먹으면 소화가 잘되지 않는다는 사실을 우리는 잘 알고 있다. 또, 우리는 음식을 잘 씹어 먹는 게 좋다는 사실도 이성적으로 알고 있다. 그리고 잘 씹을수록 소화 작용에 도움이 된다는 사실도 안다. 또한 우리는 음식을 천천히 잘 씹어 액체 상태로 만드는 과정에 온전히 집중하면 다른 생각을 하면서 음식을 대충 씹어 삼킬 때보다 먹는 즐거움이 커진다는 사실도 안다.

완벽하게 건강한 방식으로 음식을 먹으려면 즐거운 마음, 믿는 마음으로 오로지 먹는 행위에만 집중해야 한다. 음식을 먹을 때는 맛을 음미해야 하며 음식을 잘 씹어 액체 상태로 만들어 삼켜야 한다. 지금까지 설명한 지침을 따른다면 먹는 기능을 완벽한 방식으로 수행할 수 있다. 어떤 음식을 먹고, 언제 먹고, 어떻게 먹을 것인가에 관해 이 외에 다른 걸 고려할 필요는 없다.

'얼마나 많이 먹을 것인가?' 하는 문제의 답을 얻기 위해서는 마찬가지로 이성의 힘이나 '건강의 원천'을 따르면 된다. 우선, 배고픔이 누그러진 듯하면 바로 먹기를 중단해야 한다. 그 지점을 넘어서면 그저 입맛을 만족시키려 먹을 뿐이다. 음식을 향한 내면의 욕구가 잦아드는 순간, 먹기를 멈추면 과식하는 일 없이 완벽하게 건강한 방식으로 몸에 음식을 공급할 수 있다.

이처럼, '자연스럽게' 먹는 일은 아주 간단하다. 앞서 말한 모든 내용은 누구라도 쉽게 실천할 수 있는 것들이다. 이 방법대로만 행한다면 음식물의 완벽한 소화 및 흡수가 가능해진다. 그렇게 되면 더는 이런 문제로 불안해하거나 걱정할 일이 없을 것이다. 진정한 배고픔을 느낄 때 먹어라. 눈앞에 놓인 음식을 감사하는 마음으로 꼭꼭 씹어 액체로 만들어서 삼켜라. 그렇게 하다가 배고픔이 잦아든다는 느낌이 들면 바로 먹는 것을 멈추어라.

음식을 먹을 때의 '정신적 태도'에 관해 한 가지 덧붙이겠다. 다른 때에도 마찬가지나 음식을 먹는 동안은 오로지 건강한 상태와 정상적인 기능에 관해서만 생각해야 한다. 당신이 먹고 있는 음식을 온전히 즐기라. 만일, 음식을 먹으면서 대화를 나눈다면 그 음식의 좋은 점에 관해, 또 그 음식이 주는 즐거움에 관해서 이야기하라. 먹고 있는 음식이 건강에 어떻게 좋고, 어떻게 나쁜지 논쟁하지 말라. 특히, 건강에 나쁘다는 말은 하지도 말고 생각하지도 말라.

좋아하지 않는 음식이 식탁 위에 놓여 있더라도 그에 관해 굳이 말할 필요 없다. 음식을 놓고 그 어떤 비난도 지적도 하지 말라. 오로지 즐겁게, 진지한 태도로 먹어라. 신께 감사하는 마음으로 먹어라. 그리고 인내심을 발휘해 천천히 먹어라. 혹시라도 급하게 먹던 예전 습관으로 돌아가려 한다거나 올바르지 못한 생각, 올바르지 못한 말을 했다면 그 즉시 수습하고 다시 시작하라.

이때, 자신을 통제하고 다스릴 수 있어야 한다는 점이 무엇보다 중요하다. 먹는 방법이나 습관처럼 단순하고 기본적인 문제에도 본능을 다스리지 못하면서 어떤 일에 자기 조절력을 발휘할 수 있겠는가? 먹는 문제에 관한 욕구를 제어하지 못하면 당신은 그 어떤 일에서도 본능을 다스릴 수 없다.

한편으로 지금까지 설명한 지침들을 잘 따른다면 올바르게 생각하고 올바르게 먹는 문제에 관한 한, 당신은 완벽하게 건강한 방식으로 살고 있다고 자부해도 좋다. 더불어, 다음 장에서 제시하는 지침 역시 잘 실천한다면 당신은 완벽하게 건강한 몸을 만드는 여정에 한층 박차를 가할 수 있을 것이다.

14장

숨쉬기

허리를 곧게 세우고 가슴을 활짝 펴고
신선한 공기를 마셔라

'숨쉬기'는 생명 유지와 가장 긴밀히 연관되므로 우리 몸의 대단히 중요한 기능이다.

등을 곧게 펴고 숨을 깊게 쉬어야 한다. 머릿속에 완벽하게 곧은 자세를 한 당신 모습을 떠올리고 그 모습을 형상화하라.

늘 똑바른 자세를 유지하는 일은 항상 얼굴을 청결하게 하는 것과 마찬가지로 자신감과 연결된다.

허리를 곧게 세우고 가슴을 활짝 펴고 신선한 공기를 마셔라. 숨쉴 때마다 영원한 생명을 같이 들이마신다는 사실을 떠올리고 감사하라.

'숨쉬기'는 생명 유지와 가장 긴밀히 연관되므로 우리 몸의 대단히 중요한 기능이다. 인간은 잠을 자지 않고도, 먹거나 마시지 않고도 몇 시간 정도는 너끈히 버틸 수 있다. 하지만 우리는 숨을 안 쉬고는 몇 분도 넘기지 못한다. '숨쉬기'는 우리 몸의 비자발적 활동이라 무의식적으로 이루어지지만, 숨쉬는 방식 또 그 방식을 건강하게 수행하는 일은 '의지력'의 영역에 포함된다.

다시 말해 인간은 비자발적으로 숨을 쉬지만 어떻게 숨을 쉬고, 얼마나 깊게, 또 얼마나 고르게 숨쉴지는 자발적으로 결정할 수 있다는 뜻이다. 그뿐 아니라, 인간은 그 몸이 숨쉬는 기능을 완벽하게 수행할 수 있도록 신체 매커니즘을 이상적인 상태로 유지할 수 있다.

완벽하게 건강한 방법으로 숨을 쉬고 싶다면 숨쉬는 활동에 필요한 신체 매커니즘이 건강한 상태를 유지해야 한다. 등을 똑바로 세워 가슴을 자연스럽게 넓힌다. 양어깨를 앞으로 오므려 흉곽이 좁아지면 올바른 방법으로 숨쉴 수 없다. 앉거나 서 있을 때 어깨를 구부정하게 하고 있으면 가슴이 제대로 펴지지 않아 무거운 물건을 들어 올릴 때처럼 숨쉬기가 원활하지 못하게 된다.

어떤 종류든 우리는 일을 하는 동안 거의 예외 없이 어깨가 앞으로 나가고 등이 굽고 흉부 쪽이 위축되는 경향이 있다. 흉곽이 좁아지면 숨을 깊게, 온전히 쉴 수 없다. 이런 상태로 완벽한 건강을 이루기란 불가능하다. 일하면서 자꾸 굽어지는 어깨를 만회하기 위해 다양한 운동 방식이 고안되고 있다. 철봉이나 그네 같은 기구에 매달리거나 의자에 앉아 발을 가구 밑에 넣고 머리가 바닥에

닿을 때까지 몸을 뒤로 젖히는 동작들이 그런 예다.

모두 나름대로 바람직하나 실제로 체형 교정 효과를 볼 수 있을 만큼 장기간 꾸준히 하는 사람은 찾아보기 힘들다. 어떤 종류든 건강을 위해 하는 운동은 부담이 될 수 있다. 그보다 훨씬 자연스럽고 단순하고 효과적인 방법이 있다.

바로, 등을 곧게 펴고 숨을 깊게 쉬는 것이다. 머릿속에 완벽하게 곧은 자세를 한 당신 모습을 떠올리고 그 모습을 형상화하라. 그런 뒤, 그 이미지가 떠오를 때마다 즉시 가슴과 양어깨를 쭉 펴고 머리에 떠오른 이미지대로 곧은 자세를 취하라. 동작을 취할 때는 폐가 감당할 수 있을 때까지 최대한 숨을 천천히 들이마셔라. 그러다 잠시 숨을 참고 어깨를 좀 더 뒤로 젖히면서 가슴을 쭉 편다. 동시에 양어깨 사이로 등을 앞으로 내밀면서 편안하게 숨을 내쉰다.

이 동작을 하면 흉곽을 유연하고도 건강한 상태로 만들 수 있다. 몸을 곧게 펴라. 폐를 한가득 공기로 채우라.

가슴을 펴라. 등을 똑바로 세우라. 그런 다음 숨을 천천히 내쉬라. 이 동작을 계절에 구애받지 말고 항시, 어디서나 반복하라. 그래서 습관이 되게 하라. 이는 누구라도 쉽게 따라 할 수 있는 간단한 동작이다.

문을 열고 나가 신선하고 깨끗한 공기를 느끼면 그때마다 깊게 숨을 쉬어라. 일터에서 자신에 관해, 하는 일에 관해 생각해야 할 때도 숨쉬기를 잊지 말라. 회사에 있을 때도, 한밤중에 잠을 깼을 때도 숨을 쉬어라. 어디에 있든, 어떤 일을 하든, 생각이 나면 자세를 곧게 하고 숨을 쉬어라. 출근하는 길에도, 퇴근하는 길에도 언제나 숨을 쉬어라. 장담하건대, 숨쉬기 운동은 곧 큰 즐거움이 되어 줄 것이다. 그래서 계속할 수밖에 없을 것이다. 건강을 위해서가 아니라 즐거워지기 위해 당신은 그리하게 될 것이다.

이를 두고 '건강을 위한 운동'이라고 생각하지 말라. 건강을 지키려 운동하지 말라. 그런 마음으로 운동하면 오히려 '질병'을 현실이나 가능성으로 인식하기 쉽다. 그런 일을 허용해서는 안 된다. 건강을 위해 계속 운동하는 사람은 그만큼 아픈 상태에 대해서도 계속 생각하게 되어 있다. 늘 똑바른 자세를 유지하는 일은 항상 얼굴을 청결하게 하는 것과 마찬가지로 자신감과 연결된다.

몸을 곧게 하고 가슴을 쭉 펴는 이유는 손을 깨끗이 하고 손톱을 다듬는 이유와 같다. 그렇게 하지 않으면 단정해 보이지 않기 때문이다. 이런 일을 할 때는 아픈 곳이나, 현재 상태나, 나빠질 가능성 따위를 생각할 필요 없다. 구부정한 자세로 살아갈 것인지, 올바른 자세로 살아갈 것인지, 당신은 둘 중 하나를 선택해야 한다. 올바른 자세를 선택하면 올바른 숨쉬기는 저절로 해결된다. 건강을 위한 운동에 관해서는 다음 장에서 다루려 한다.

숨쉴 때는 반드시 신선한 공기를 마셔야 한다. 이는 대단히 중요한 사안이다. 자연은 인간의 폐가 일정량의 산소를 포함한 공기 외에 다른 가스나 오염된 공기를 받아들이길 원치 않아 하는 것 같다. 그러니 거주지나 일터 환경이 숨쉬기에 적합하지 않은 공기로 가득 찬 환경이라고, 방법이 없다며 포기해서는 안 된다. 환기가 제대로 안 되는 집에서 살고 있다면 이사하라. 공기가 나쁜 곳에서 일하고 있다면 다른 직장을 구하라. 그래야 한다. 그 이유는 이 시리즈의 첫 번째 책, 『부는 어디에서 오는가-부의 비밀』에 잘 나타나 있다.

직원 모두가 공기 나쁜 환경에서 일하고 싶어 하지 않으면 고용주는 작업장을 환기할 방법을 찾아 나설 것이다. 가장 질 나쁜 공기는 많이 사람이 함께 숨쉬느라 산소가 소진된 공기다. 사람이 많이 모이는 교회나 극장처럼 공기가 제대로 공급도 안 되고 빠져 나가지도 못하는 곳은 숨쉬기에 좋지 않다.

그다음으로 나쁜 공기는 산소 및 수소 외에 다른 걸 포함하고 있는 공기다. 하수도 냄새나 무엇인가 썩을 때 발생하는 독한 가스가 대표적이다. 그나마 집 안 먼지나 꽃가루는 상대적으로 견디기가 수월하다. 음식물을 제외한 유기물 소립자는 가스보다 쉽게 폐에서 걸러지기 때문이다. 반면, 가스는 혈액으로 곧장 유입된다.

앞서 '음식물을 제외한'이라고 했지만 사실, 넓은 의미에서 보자면 공기도 음식에 속한다. 우리 몸 안으로 들어오는 많은 것 중 공기는 '살아 있는(alive)' 정도가 특히 짙다고 할 수 있다. 우리가 숨을 쉴 때마다 수백만의 미생물이 우리 몸 안으로 유입되는데 그중 상당 부분은 몸으로 흡수된다. 흙, 풀, 나무, 꽃, 식물, 음식을 요리할 때 나는 냄새 등은 그 자체로 음식이다. '냄새'는 어떤 물질의 근원 물질이 미세하게 쪼개진 입자다. 그 입자는 대단히 미세해서 폐를 지나 곧장 혈액으로 흡수된다. 다시 말해, 소화 과정을 거치지 않고 우리 몸에 흡수되는 것이다.

대기에는 유일한 생명의 근원이요, 그 자체가 생명인 원천 물질이 스며 있고 배어 있다. 숨쉬는 것과 관련해 어떤 생각을 할 때마다 이 사실을 떠올려라. 그리고 당신이 생명의 근원 속에서 숨쉬고 있다고 생각하라. 생각만이 아니라 이건 명백한 사실이다. 이를 의식적으로 인식하기만 해도 바르게 숨쉬는 데 도움이 될 것이다. 유해 가스를 포함한 공기는 마시지 않도록, 다른 사람이 마시고 뱉은 공기는 다시 마시지 않도록 조심하라. 여기에는 당신이 마시고 뱉은 공기도 포함된다.

올바르게 숨쉬는 방법에 관한 모든 내용은 여기까지다. 허리를 곧게 세우고 가슴을 활짝 펴고 신선한 공기를 마셔라. 숨쉴 때마다 영원한 생명을 같이 들이마신다는 사실을 떠올리고 감사하라. 결코 어려운 일이 아니다. 숨쉬기를 완벽하게 하는 방법을 일러 준 신께 감사하라. 숨쉬기에 관해서는 이 장에 수록된 내용 외에 다른 어떤 생각도 할 필요가 없다.

15장

잠자기

신선한 공기로 환기하고 감사한 마음을 품고 잠자리에 들어라

인간은 잠을 자면서 생명력을 재충전한다. 살아 있는 모든 생명체는 잠을 잔다.

자연스러운 상태로 잠자고 싶다면 먼저 잠자는 동안 신선하고 깨끗한 공기가 꾸준히 공급되는지 살펴야 한다.

다음으로 중요한 것은 잠자리에 들 때의 마음가짐이다. 완전한 건강을 위해 즐거운 생각을 해야 한다.

잠자리에 들 때는 감사하는 마음을 잊어서는 안 된다. 신께 감사하는 마음, 또 모든 게 잘될 것이라는 믿음을 품고 잠자리에 들라.

인간은 잠을 자면서 생명력을 재충전한다. 살아 있는 모든 생명체는 잠을 잔다. 인간을 비롯해 동물, 파충류, 어류, 곤충 모두 잠을 잔다. 심지어는 식물도 일정 기간 규칙적으로 잠을 잔다. 우리가 잠을 자는 이유는 자는 동안 '생명의 원천'과 접촉하고, 그로 말미암아 생명력이 재충전될 수 있기 때문이다.

인간의 두뇌가 생명 에너지로 재충전되고, 그 내면에 존재하는 '건강의 원천'에 새 힘이 깃드는 일 모두 자는 동안에 이루어진다. 따라서 자연스럽게, 정상적으로, 또 완벽하게 건강한 방식으로 잠자는 행위는 무엇보다 중요하다.

인간의 수면 행태를 연구해 보면 우리가 잠자는 동안 깨어 있을 때보다 훨씬 깊고, 힘차고, 리듬감 있게 숨쉰다는 사실을 알 수 있다. 즉, 우리는 깨어 있을 때보다 수면 중에 더 많은 공기를 들이마신다. 이를 토대로 우리는 '건강의 원천'이 재생 과정을 거칠 때 대기 중에서 특별한 요소를 상당량 필요로 한다는 사실을 감지할 수 있다.

자연스러운 상태로 잠자고 싶다면 먼저 잠자는 동안 신선하고 깨끗한 공기가 꾸준히 공급되는지 살펴야 한다. 실내보다 실외에서 신선한 공기를 마시면서 잠을 잘 때 각종 폐 질환 치료에 큰 효과를 볼 수 있다는 의학 연구 결과가 있다. 그리고 이 책에서 다룬 살고 생각하는 '올바른' 법과 연결해 볼 때, 이는 비단 폐 질환만이 아니라 여타 질병의 치료에도 효과적임을 알 수 있을 것이다. 고로, 자는 동안 신선한 공기를 마시는 문제에 관해서는 타협의 여지가 없다.

당신이 잠자는 침실은 완벽한 환기가 이루어져야 한다. 바깥에서 잠자는 것과 유사한 환경이면 가장 바람직하다. 침실의 모든 문과 창문을 활짝 열어 두라. 그게 가능하지 않다면 한쪽 창문이라도 열어 두라. 방 안으로 바깥 공기가 충분히 들어오지 않을 때는 열 수 있는 창문 쪽으로 침대 머리를 바짝 붙여라. 그래서 유입된 공기가 당신 얼굴에 온전히 닿게 하라.

아무리 궂고 추운 날씨에도 창문을 열어 두라. 거듭 강조하는 바이니 창문을 최대한 활짝 열어라. 그래서 신선한 공기가 방 안에서 원활히 순환될 수 있게 하라. 날씨가 추우면 이불을 충분히 덮어 체온을 유지해야 할 필요는 있다. 그래도 바깥에서 신선한 공기가 꾸준히 공급될 수 있어야 한다. 이것이 건강한 수면을 위한 첫째 요건이다.

혹시라도 순환이 이루어지지 않는 '죽은' 공기 속에서 잠을 잔다면 당신의 뇌와 신경망이 충분한 생명력을 얻지 못한다. 잠잘 때는 가능한 한, 자연 속 '생명의 원천'으로부터 힘을 얻을 수 있는 '살아 있는' 환경을 확보해야 한다. 거듭 말하지만, 이 문제에 관해서는 그 어떤 타협도 있을 수 없다. 침실 환기를 철저하게 하고 자는 동안 바깥 공기가 제대로 순환되는지 반드시 살펴라.

여름이든 겨울이든 침실 문이나 창문을 닫아 둔 상태로 잠자는 것은 완벽하게 건강한 방식으로 잤다고 할 수 없다. 모쪼록, 신선한 공기를 마셔라. 당신이 있는 지금 그곳에서 신선한 공기를 마실 수 없다면 다른 곳으로 자리를 옮겨라. 당신 집의 침실이 환기가 제대로 될 수 없는 구조라면 다른 집을 구해 이사하라.

다음으로 중요한 것은 잠자리에 들 때의 마음가짐이다. 당신은 왜 잠을 자는지 그 이유와 목적을 제대로 의식적으로 알고 있어야 건강하게 잠잘 수 있다. 잠자리에 누우면 곧 당신이 취할 수면이 생명력을 재충전하는 활동이며 잠자는 동안 당신에게 새 힘을 준다고 생각하라. 그래서 아침에 눈 뜨면 당신 몸이 건강한 활력으로 충만한 상태가 될 것임을 믿어라. 음식을 먹을 때와 마찬가지로 당신은 잠자는 일에도 목적의식을 품어야 한다. 잠자리에 들기 전에 잠깐이라도 집중하는 시간을 가져라. 의기 소침한 상태로 혹은 우울한 마음으로 잠자리에 들어서는 안 된다. 잠자리에 들 때는 완전한 건강을 위해 즐거운 생각을 해야 한다.

잠자리에 들 때는 감사하는 마음을 잊어서도 안 된다. 눈을 감기 전에 '완벽한 건강'으로 가는 길을 보여 준 신께 감사하라. 그리고 자는 동안 오로지 그 마음이 당신을 온전히 감싸게 하라. 잠들기 전 감사 기도를 올리면 '건강의 원천'이 그 근원과 소통할 길이 열린다. 그 결과, 당신이 잠자는 그 무의식의 침묵 속에서 새 힘이 솟아난다.

잠자는 일과 관련해 완벽하게 건강한 방법 역시 어렵지 않다는 사실을 깨달았을 것이다. 먼저, 잠자는 동안 바깥으로부터 신선한 바깥 공기를 마실 수 있는지 살펴라. 그런 다음, 잠자리에 들기 전 몇 분이라도 감사하는 마음으로 조용히 원천 물질과 접촉을 시도하라. 이 모든 조건이 충족되었는지 확인한 뒤 신께 감사하는 마음, 또 모든게 잘될 것이라는 믿음을 품고 잠자리에 들라.

혹시 불면증이 있다면 그로 인해 걱정하지 말라. 잠자리에 가만히 누워 머릿속으로 '건강의 개념'을 형상화하라. 감사하는 마음으로 당신이 받은 풍성한 생명력에 관해 조용히 생각하라. 깊게 숨을 쉬라. 곧 잠들 것이라고 굳게 믿어라. 그러면 당신은 잠들게 된다. 불면증도 다른 질병이나 증상과 다를 바 없다. 이 책에 쓰인 지침대로 생각하고 행동하면 '건강의 원천'이 지닌 충만한 생명력이 전격 가동해 당신에게서 불면증을 밀어내게 되어 있다.

이제, 당신은 몸의 자발적 기능을 완벽하게 건강한 방식으로 수행하는 일이 부담스럽다거나 어렵지 않다는 사실을 알았다. 완벽하게 건강한 방식으로 사는 것은 가장 쉽고, 가장 간단하며, 가장 자연스러운 동시에 가장 즐거운 일이다. 건강을 가꾸는 일은 거창하지도, 어렵지도, 힘들지도 않다.

세상에 돌아다니는 다른 '억지스러운' 지침들에 귀 기울일 필요 없다. 당신은 그저 가장 자연스럽고 즐거운 방식으로 먹고, 마시고, 숨쉬고, 잠자면 된다. 머릿속으로 건강, 오로지 건강만 생각하면서 이 책의 지침을 따른다면 당신은 틀림없이 건강해질 수 있다.

16장

더 필요한 지침들

오로지 '건강'과 결부된 생각에 당신을 연결하라

'건강'과 결부된 생각에 당신을 연결하라. 생각도, 말도, 행동도 오로지 '건강'에 연결돼 있어야 한다. 당신의 생각과 말과 행동을 '질병'과 연결하지 말라.

통증에 맞서지 말고 통증을 좋은 신호로 받아들이라. 통증은 '건강의 원천'이 우리 몸의 자연스럽지 못한 상태를 극복하고자 노력한다는 신호다. 이 점을 반드시 머리로 인식하고 몸으로도 느껴야 한다. 몸 어딘가에 통증이 느껴진다면 그 부분에 치유가 일어나고 있다고 생각하라.

가장 좋은 운동 방법은 재미있는 놀이 형식으로 즐기는 것이다. 운동은 오로지 건강만을 위해 무리하게 몸을 쓰는 게 아니라 '오락'의 형태가 바람직하다는 뜻이다.

'건강의 개념'을 형상화할 때는 완벽하게 건강해진 뒤 당신이 어떻게 살고 또 어떻게 일할지, 그 모습을 그려 보는 일이 중요하다. 당신이 완벽하게 건강한 방식으로 행동하는 모습을 머릿속에 떠올려라. 이 과정을 통해, 건강해졌을 때 당신이 취할 행동의 분명한 개념을 확보할 수 있을 것이다. 그런 뒤에는 그 개념과 조화를 이룰 정신적·육체적 태도를 정하라. 그러곤 살아가는 동안 꾸준히 그 태도를 견지하면 된다.

이때, 당신이 하는 생각에 당신이 원하는 것을 합치해야 한다. 당신 자신을 어떤 상태와 어떤 국면으로 생각에 합치하든 이번에는 그게 당신의 몸에 합치된다. 이때 과학적인 방법은 당신이 원하지 않는 모든 것과 연결된 줄을 끊고 원하는 모든 것과 새로운 연결을 도모하는 것이다. '완벽한 건강'에 대한 개념을 형상화하는 데 성공했다면 이제는 당신이 하는 말, 행동, 태도를 그 개념에 연결할 차례다.

말을 조심하라. 당신이 하는 모든 말은 '완벽한 건강'의 개념과 조화를 이루어야 한다. 절대로 불평하지 말라. 특히, "어젯밤에 잠을 제대로 못 잤어.", "옆구리가 아프네.", "오늘, 어째 기분이 영 안 좋아." 같은 말은 하면 안 된다. 대신, "오늘 밤에는 푹 잘 수 있을 거야.", "몸이 빠른 속도로 회복되는 게 느껴져." 같은 말을 하는 게 좋다.

무엇이든 질병과 연결된 것에 관한 생각은 끊어 내고 잊는 게 좋다. 어떤 것이든 건강과 결부된 생각에 당신이 하는 모든 생각과 말을 연결하라.

이것이 핵심 요건의 전부다. '건강'과 결부된 생각에 당신을 연결하라. 생각도, 말도, 행동도 오로지 '건강'에 연결돼 있어야 한다. 당신의 생각과 말과 행동을 '질병'과 연결하지 말라.

어떤 질병의 치료법에 관한 책이나 의학 관련 소설 등은 읽지 말라. 이 책에 담긴 내용과 상반되는 이론이 담긴 글도 읽지 말라. 그런 자료는 생명력 넘치는 삶의 방식을 대하는 당신의 믿음을 깎아 먹을 뿐이다. 또다시 당신을 '질병'과 정신적으로 연결할 뿐이다. 이 책에 당신이 필요로 하는 모든 게 담겨 있다. 중요한 내용은 모두 실었고 불필요한 내용은 생략했다. '건강의 과학'은 수리학과 다를 바 없는 명확한 과학이다.

고로, 근본적인 원칙이 존재하며 무엇인가를 따로 더할 필요가 없다. 만일, 여기서 어떤 내용을 뺀다면 안타깝지만 당신은 실패를 감수해야 할 것이다. 이 책에서 제시한 지침들을 성실히 따른다면 당신은 건강해질 수 있다. 생각, 행동 모든 면에서 이는 얼마든지 실천할 수 있는 것들이다.

당신의 생각을 '완벽한 건강'에 연결할 때는 당신 자신뿐 아니라 다른 사람들도 포함하라. 누군가 몸이 아파 힘들어하더라도 동정해서는 안 된다. 가능한 한, 그런 생각을 건설적인 방향으로 돌릴 수 있게 그들을 도와라. 그들의 마음을 편안하게 해 주려 할 때도 '건강'에 관한 생각을 단단히 붙들고 행하라.

다른 사람이 자신이 겪는 고통이나 증상을 당신 앞에서 하소연하게 두지 말라. 주제를 다른 데로 돌리거나 양해를 구하고 그 자리를 벗어나라. 냉정하다는 소리를 듣더라도 당신 머릿속에 질병에 관한 생각을 심는 것보다는 낫다.

질병이나 아픈 주제로만 대화를 이어 가는 사람과 있게 되면 그들이 하는 말은 귀담아듣지 말고 마음속으로 당신에게 완벽한 건강을 내려 준 신께 감사 기도를 올려라. 혹시, 그래도 그들의 이야기를 들어야만 하는 상황이라면 정중히 인사를 고하고 그 자리에서 벗어나라.

그들이 당신에 관해 어떻게 생각하고 어떤 말을 하든

괘념하지 말라. 예의 차리려다 질병에 관한 해로운 생각에 빠져들기 쉽다. 병에 관해 불평하고 하소연하는 사람을 묵인하지 않는 사람들이 많아질수록 '건강'을 향한 인류 발전은 가속화될 것이다. 질병에 관해 이야기하는 사람을 방관하는 행위는 그 질병이 이 세상에 퍼져 나가는 걸 돕는 격이다.

실제로 몸이 아플 때는 어떻게 해야 할까? 몸이 아파서 고통스러운데도 여전히 건강에 관한 생각을 견지할 수 있을까?

답은 '그렇다'이다. 통증에 맞서지 말고 통증을 좋은 신호로 받아들이라. 통증은 '건강의 원천'이 우리 몸의 자연스럽지 못한 상태를 극복하고자 노력한다는 신호다. 이 점을 반드시 머리로 인식하고 몸으로도 느껴야 한다. 몸 어딘가에 통증이 느껴진다면 그 부분에 치유가 일어나고 있다고 생각하라. 당신은 그 과정을 정신적으로 도와야 한다. 그 통증을 유발하는 힘과 오히려 정신적인 합일을 이루어야 한다.

필요하다면 진행 중인 치유 작업이 가속화될 수 있도록 적극적인 처방을 동원할 수도 있다. 예를 들어, 통증의 강도가 심하다면 자리에 누워 당신을 위해 일하고 있는 치유의 힘에 조용히 협력한다. 바로, 이때가 감사와 믿음을 연습할 좋은 기회다. 지금 이 통증을 유발하는 '건강의 원천'에 감사하라. 그리고 치유의 작업이 끝나는 대로 고통도 끝날 것임을 믿어라. 이런 증상을 만들고 있는 '건강의 원천'이 곧 고통을 없애 줄 것이라 믿고 그 생각에 집중하라. 그러면 통증이 쉽게 가시는 걸 느끼고 깜짝 놀랄 것이다. '건강의 과학'을 실천하다 보면 고통이나 통증은 당신과 상관없는 일이 된다.

하지만 이 모든 걸 실천하기에 의지력이 받쳐 주지 않는다면 어찌해야 할까? 신이 도와줄 테니 무리해서라도 애를 써 볼까? 아니면, 달리기 주자처럼 '두 번째 바람'을 기다려 볼까?

답은 '아니다'이다. 그렇게 하지 않는 게 좋다. 이 책의 지침들을 따르기 시작하면 당신에게는 이전과 다른 힘이 생긴다. 그래서 떨어져 있던 신체 기력이 점점 호전된다. 의식적으로 활력과 건강에 자신을 연결하고 몸의 자발적 기능을 완벽하게 건강한 방식으로 수행하다 보면 당신 몸의 기력은 하루가 다르게 회복된다. 물론, 처음 한동안 은 당신이 원하는 만큼 몸이 감당하지 못할 수 있다. 그럴 때는 휴식을 취하면서 신께 감사드리는 법을 연습하라.

당신 몸에 곧 힘이 솟을 것이라는 사실을 인식하라. 그 힘의 원천인 '살아 있는' 원천 물질에 진심으로 감사하 라. 당신 몸에 곧 엄청난 활력이 솟아나리라는 굳은 믿음 으로 한 시간 정도 휴식을 취한 뒤 자리에서 일어나 모든 과정을 다시 시작하면 된다. 단, 쉬는 동안에는 지금의 약 한 몸 상태 대신 곧 당신이 얻을 엄청난 활력에 관해서만 생각하라.

절대로 약한 상태에 자신을 내어 주는 우를 범하지 말 라. 휴식을 취할 때는 물론 잠잘 때도 당신에게 온전한 힘 을 주기 위해 끊임없이 일하는 '건강의 원천'에 집중하라.

그런데 해마다 수백만에 달하는 사람들을 공포에 떨게

하는 골치 아픈 증상에는 어떤 태도를 지녀야 할까? 이를 테면, '변비' 같은 증상이 그런 축에 속한다.

답은 '걱정하지 말라'이다. 호레이스 플레처(Horace Fletcher)가 쓴 『인간이 품은 영양소 A, B, Z(The A, B, Z of Our Own Nutrition)』를 읽어 보라. 플레처의 설명만 보더라도 '건강의 과학'을 실천하면 오히려 몸에서 빠져나갈 물질이 줄어든다는 사실을 알게 될 것이다. 자연이 인도한 대로 식물성 식품을 먹으면 배변 문제가 '자연스럽게' 해결된다. 자연 상태의 음식을 먹는 사람은 지방, 고기, 전분 등을 인체가 처리할 수 있는 양보다 세 배에서 열 배 정도 많이 섭취하게 되어 그만큼 많은 양의 배설물이 발생해야 한다. 그러나 앞서 설명한 지침을 따른다면 상황은 달라진다.

그 지침은 진정한 배고픔을 느낄 때만 먹고, 음식을 꼭꼭 씹어 액체 상태가 되면 삼키고, 배고픔이 누그러진다는 느낌이 들기 시작하면 바로 먹기를 중단하는 것이다. 이렇게만 하면 음식을 완벽하게 소화하고 완벽하게 흡수하기 위한 몸의 준비는 완벽하게 끝난다. 즉, 당신이 먹는 음식 대부분이 몸에 흡수되고 밖으로 배출할 양이 대장에 거의 남지 않는다는 뜻이다.

'변비'를 다룬 의학 서적이나 홍보용 책자에 쓰인 내용을 모두 기억에서 지워 버린다면 더는 같은 문제에 관해 고민할 필요 없다. 그 문제는 '건강의 원천'이 알아서 돌볼 것이다.

그러나 변비로 인해 온통 마음에 두려움이 가득 차 있다면 가끔 따뜻한 물로 장 청소를 하는 정도는 도움이 될 수 있다. 그조차 굳이 할 필요는 없지만, 당신 마음이 변비에 대한 두려움을 감당하는 부담을 조금은 덜어 줄 것이다. 장 청소는 딱 그만큼의 효과만 있을 뿐이다.

증상이 호전되는 걸 확인하면서 '건강의 과학'이 제시하는 지침대로 먹는다면 변비에 대한 걱정을 머릿속에서 완전히 밀어낼 수 있을 것이다. 당신 안에 거하며 당신에게 완벽한 건강을 줄 힘을 지닌 '건강의 원천'을 믿으라. 전능한 그 '생명의 원천'에 감사하는 마음으로 당신 자신을 그 존재에 연결하라. 그리고 이 모든 여정을 즐겁게 누리라.

그런데 운동은 어떻게 해야 할까?

날마다 조금씩이라도 근육 쓰는 운동을 하면 누구에게든 건강에 도움이 된다. 그러나 가장 좋은 운동 방법은 재미있는 놀이 형식으로 즐기는 것이다. 운동은 오로지 건강만을 위해 무리하게 몸을 쓰는 게 아니라 '오락'의 형태가 바람직하다는 뜻이다. 승마나 자전거 타기도 좋고 테니스나 볼링, 공 던지기도 바람직하다.

날마다 한 시간 정도 정원을 가꾸는 건 어떤가? 재미도 있을 뿐더러 열심히 하면 수익도 낼 수 있다. 이 세상에는 몸을 유연하게 해 주고 혈액 순환에 도움될 만한 '활동'이 차고 넘친다. 건강만을 목적으로 같은 동작을 장시간 지루하게 반복하지 않더라도 말이다. 운동하되 재미있게 하라. 이왕이면 수익도 내는 방향으로 하라. 건강해지기 위해, 또 건강을 유지하기 위해 운동하지 말라. 운동은 가만히 앉아 있기에는 활력을 주체할 수가 없을 때 하라.

일정 기간의 단식은 꼭 필요한가?

답은 '거의 그렇지 않다'이다. 우리 몸속 '건강의 원천' 은 배고픔을 느끼는데 20일, 30일, 40일이란 긴 시간을 요구하지 않는다. 우리는 배고픔을 그보다 훨씬 일찍 느껴야 정상이다. 일정 기간의 단식이 끝나고 곧장 배고픔 을 못 느끼는 이유는 '환자' 스스로 배고픔을 억제했기 때문이다. 단식을 시작할 때 사람들은 어떤 희망보다는 배고픔을 너무 일찍 느낄지 모른다는 두려움을 안고 임 한다. 장기 단식의 혜택을 설파한 책이나 자료의 내용을 철석같이 믿고 시간이 얼마나 걸리든 끝까지 해내겠다고 작심한다. 그 강력하고 긍정적인 자기 선언의 영향을 받 은 잠재의식이 그 몸에 배고픔을 유예하는 것이다.

어떤 상황에서든 자연이 당신에게서 배고픔을 걷어 가 면 개의치 말고 즐겁게 평소대로 활동하면 된다. 그리고 자연이 당신에게 배고픔을 다시 줄 때까지는 아무것도 먹지 않는 게 좋다. 이틀, 사흘 혹은 열흘이 지나도 괜찮 다. 음식을 먹어야 할 때가 되면 자연히 배가 고파질 거라 믿으면 된다. 당신이 건강하다고 믿으면 음식을 먹지 않았다고 해서 허약해지거나 몸의 어느 부위가 불편해지는 일은 없을 것이다. 배가 고프지 않을 때는 음식을 먹는 것보다 먹지 않는 편이 더 기운차고, 더 행복하고, 더 편안하다. 이는 음식을 먹지 않는 기간과는 무관하다.

건강에 관해 이 책에서 기술한 '과학적인 방법'을 삶에서 실천한다면 장기 단식을 할 필요가 전혀 없다. 오히려 필요한 때 식사를 거르지 않게 된다.

이제부터 당신은 삶의 그 어느 때보다 즐거운 마음으로 음식을 먹게 될 것이다. 명심하라. 진정한 배고픔을 느낄 때까지 아무것도 먹지 말라. 그리고 진정한 배고픔이 느껴지면 때와 상관없이 먹으면 된다.

17장

'건강의 과학'에 담긴 요체

'건강해지는 과학'에 맞추어 생각하고 실천하라
완벽한 건강을 이룰 수 있다

오로지 건강에 대해서만 생각하고, 건강에 대해 믿음을 갖고, 완벽하게 건강한 방식으로 먹고, 마시고, 숨쉬고, 잠잔다면 누구든 완벽한 건강을 이룰 수 있다.

'완벽한 건강'을 획득하는 첫째 단계는 완벽하게 건강한 자기 몸을 개념화하는 것이다. 다음으로 그 개념을 형태로 형상화했다면 모든 생각의 저변에 긍정적인 믿음을 심을 차례다. 그리고 감사하는 마음을 가져라.

'건강해지는 과학'에 맞추어 생각하고 실천할 때마다 그 몸 안의 '건강의 원천'이 건설적으로 가동되어 모든 병을 낫게 할 것이다.

인간은 누구나 완벽한 건강을 이룰 수 있다.

'건강'이란 몸의 자연적 기능이 완벽하게 움직이는 정상적인 삶을 말한다. 이 우주에는 만물을 창조한 살아 있는 '원천 물질'이 존재한다. 원천 물질은 온 우주에 스미고, 배어 있으며 우주 공간을 층층이, 결결이 채우고 있다. 원천 물질은 비가시적 상태로 우주 모든 형태 안에 깃들어 있으며 모든 형태를 관통한다. 모든 형태는 원천 물질의 질료로 만들어졌다.

이를 자세히 풀어서 설명해 보겠다. 입자가 극도로 미세한 수증기가 얼음덩어리에 스미고 배어드는 모습을 상상해 보라. 이 얼음은 살아 있는 물로 만들어졌으며, 살아 있는 물이 형상화된 것이다. 이때 수증기 역시 살아 있는 물이나, 형태는 없다. 그리고 그 자체로 만들어진 형태에 스며 있다고 볼 수 있다.

바로 이것이 살아 있는 '원천 물질'이 그로부터 만들어진 모든 형태에 스며 있는 방식이다. 우주의 모든 생명은 이런 식으로 원천 물질로부터 왔다. 원천 물질은 모든 생명을 품은 그 자체가 생명인 물질이다.

이 우주적 물질은 생각하는 물질이며 자기 생각을 형상화한다. 원천 물질이 생각하면 그 생각은 형태가 만들어진다. 원천 물질이 움직임을 생각하면 그 움직임이 만들어진다. 원천 물질이 하는 생각은 무한하기에 그 창조물 역시 무한하다.

한편, 원천 물질은 자신을 더욱 충만하고 더욱 완전하게 표현하는 방향으로 꾸준히 나아간다. 더욱 완전한 생명, 더욱 완벽한 기능을 향해 나아가는 것이다. 그렇다. 원천 물질은 '완벽한 건강'을 향해서 나아간다.

살아 있는 원천 물질의 힘은 언제나 '완벽한 건강'을 향해 쓰인다. 이 우주 만물이 완벽하게 기능할 수 있게 하는 힘은 이 정도로 놀라운 힘이다.

우주의 모든 살아 있는 생명체에는 '건강'으로 나아가고자 하는 이 궁극의 힘이 스며 있다.

인간은 이 힘에 자신을 연결할 수 있으며 그 힘에 협력할 수도 있다. 그리고 생각 속에서 그 힘과 자신을 분리하는 것도 가능하다.

인간은 살아 있는 원천 물질의 한 형태로 인간 안에 '건강의 원천'이 깃들어 있다. 이 '건강의 원천'이 온전히 건설적인 방향으로 움직이면 인간 몸의 모든 비자발적 기능은 그 수행이 완벽하게 이루어진다.

인간은 생각하는 물질로 그 생각은 가시적인 '몸'의 형태에 스민다. 고로, 우리 몸의 모든 기능은 생각을 통해 그 조절이 가능하다.

인간이 오로지 '완벽한 건강'에 대해서만 생각한다면 그 몸 안에서 일어나는 모든 과정 역시 완벽하게 건강한 방식으로 이루어진다. '완벽한 건강'을 획득하는 첫째 단계는 완벽하게 건강한 자기 몸을 개념화하는 것이다. 그런 뒤 그 개념을 형상화하고 모든 생각과 행동을 완벽하게 건강한 사람이 하는 방식으로 수행하는 것이다. 그 개념을 형태로 형상화했다면 그 형태에 모든 생각을 연결해야 한다. 질병, 허약함에 관해서는 그 어떤 생각도 연결해서는 안 된다.

이 과정을 마쳤다면 다음은 모든 생각의 저변에 긍정적인 믿음을 심을 차례다. 그래야 그 내면의 건강의 원천이 건설적인 방향으로 움직여 모든 질병을 치유할 수 있다. 믿음을 확보하면 우주적인 생명의 원천이 새로운 힘을 가져다준다. 이 믿음은 건강을 내려 준 생명의 원천에 감사하는 마음을 지닐 때 생겨난다. 생명의 원천으로부터 끊임없이 내려오는 건강을 꾸준히 받아들이고 더불어 진심으로 그에 감사한다면 믿음은 점점 커질 것이다.

완벽한 건강에 관해서만 생각하려면 먹고, 마시고, 숨쉬고, 잠자는 등 몸의 자발적 기능을 완벽하게 건강한 방식으로 수행하는 것이 우선이다. 오로지 건강에 대해서만 생각하고, 건강에 대해 믿음을 갖고, 완벽하게 건강한 방식으로 먹고, 마시고, 숨쉬고, 잠잔다면 누구든 완벽한 건강을 이룰 수 있다.

'건강'이란 '특정 방식(Certain Way)'으로 생각하고 행동한 결과다. 아픈 사람이 이 '특정 방식'으로 생각하고 행동하기 시작하면 그 안에 존재하는 건강의 원천이 건설적인 방향으로 가동되어 병의 치유가 이루어진다.

'건강의 원천'이 모든 생명체에 깃들어 있고 우주적 '생명의 원천'에 닿아 있기 때문이다.

'건강해지는 과학'에 맞추어 생각하고 실천할 때마다 몸 안의 '건강의 원천'이 가동되어 모든 병을 낫게 할 것이다.

고로, 인간은 누구나 완벽한 건강을 이룰 수 있다.

옮긴이 이수정

이화여대 신문방송학과를 졸업하고 고려대학교 언론대학원에서 수학했으며, 1999년에 미국으로 이주해 본격적으로 영어 번역을 시작했다. 한인 로컬 매거진 편집장으로 있으면서 다수의 매거진을 창간·편집했고 칼럼니스트, 에세이스트, 소설가로 꾸준히 활동하고 있다. 번역서로 『게이츠가 게이츠에게』, 『땡큐, 스타벅스』, 『나는 가능성이다』, 『혼자 이기지 마라』, 『100개만으로 살아 보기』 등이 있다.

부는 어디에서 오는가 - 건강의 비밀
1910년 오리지널 초판본 표지디자인

초판 1쇄 펴낸 날 2025년 2월 15일

지 은 이   윌리스 D. 와틀스
옮 긴 이   이수정
펴 낸 이   장영재
펴 낸 곳   (주)미르북컴퍼니
자 회 사   더스토리
전   화   02)3141-4421
팩   스   0505-333-4428
등   록   2012년 3월 16일(제313-2012-81호)
주   소   서울시 마포구 성미산로32길 12, 2층 (우 03983)
E-mail   sanhonjinju@naver.com
카   페   cafe.naver.com/mirbookcompany
S N S   instagram.com/mirbooks